세 북한 선생님 이야기

세 북한 선생님 이야기

지은이   김원미, 김지혜, 김진실, 노아람, 백지은 (하나배움) / 그림 김진아

발   행   2019년 4월 15일
펴낸이   김영식 김정태
펴낸곳   좋은교사운동 출판부
출판등록번호   제2000-34호
주   소   서울특별시 관악구 남부순환로 218길 36, 4층
전   화   02-876-4078
이메일   admin@goodteacher.org
이 책에는 「우아한형제들」에서 제공한 배달의민족기랑해랑체, 배달의민족도현체, 배달의민족연성체, 배달의민족주아체가 포함되어 있습니다.

ISBN   978-89-91617-54-4   03370

www.goodteacher.org
© 김원미 김지혜 김진실 노아람 백지은 2019

좋은교사 연구실천 프로젝트 X 20

세 북한 선생님 이야기

글·김원미 김지혜 김진실 노아람 백지은 l 그림·김진아

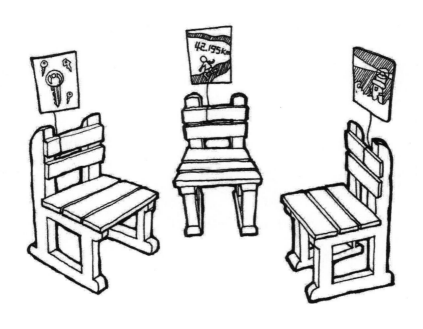

좋은교사

교육 난제는 현장 교사가 풉니다!

임진왜란 때 선조가 이순신에게 총공격을 명령했지만 이순신은 적의 유인 전략이라 판단하여 공격하지 않았던 일이 있습니다. 이로 인해 이순신은 관직을 박탈당했고, 대신 출정한 원균의 군대는 전멸하고 맙니다. 현장의 상황을 모르고 내린 결정이 얼마나 어처구니없는 것인지를 보여주는 사례입니다.

"초등학교 사회 교과서는 대학생 교재보다 어렵습니다. 왜냐하면 그 많은 내용 요소를 압축적으로 구겨 넣어 놓았기 때문이죠. 이런 교과서를 만든 사람이 한번 가르쳐보라고 하고 싶네요."

수업에서 학생들에게 배움의 기쁨을 누리게 하고 싶다는 것은 모든 교사들의 소망이지만 현장의 상황을 모르고 내려오는 교육과정과 각종 사업 등 수많은 장애물들이 우리의 발목을 붙잡고 있습니다.

"현장에 답이 있다"는 말을 많이 합니다만 교육정책을 좌우하는 관료, 교수, 정치인들은 현장 교사들의 목소리를 귀담아 듣지 않습니다. 이렇게 된 데에는 우리가 교육전문가로서의 교사의 역할을 적극적으로 찾지 못한 책임도 없지 않습니다.

이제 현장의 교육전문가인 우리 교사가 나서야 합니다. 우리 교육에는 수많은 난제가 산처럼 버티고 있습니다. 우공이산(愚公移山)의 결기로 우리 모두가 이와 씨름하는 일이 개미떼처럼 집단적으로 일어나야 합니다. 그러한 노력들이 격려되고, 공유되고, 확산될 때 우리 교육은 아래로부터 변화되어갈 것입니다. 이 과정은 교육전문가로서의 교사 성장에 큰 도전이 될 것입니다. 이를 통해 수동적 전달자가 아닌 능동적 연구실천가로 성장하게 될 것입니다.

좋은교사운동은 우리 교육의 난제를 현장 교사들의 힘으로 풀어나가는 프로젝트를 시작했습니다. 이름하여 "좋은교사 연구실천 프로젝트 X"입니다. X는 난제를 뜻합니다. 이제 X를 붙들고 고민한 결과가 세상에 모습을 드러냈습니다. 그 동안 바쁜 학교생활 가운데서도 시간을 쪼개어 문제와 씨름하는 노고를 감당하신 선생님과 멘토와 행정적인 모든 수고를 감당해주신 사무실의 간사님들과 연구위원장 선생님께 존경과 감사의 뜻을 전합니다.

- 사단법인 좋은교사운동

‖ 목 차 ‖

2017년 5월 20일,
우리는 포근한 햇살이 쏟아지는 이촌동 카페에 둘러앉아
테이블 위에 놓인 솔라리움 카드를 내려다보았다.
현직 교사 3명, 전직 교사 3명.
우리의 고향은 제각각이었다.
서울, 경기, 경남 그리고 함경북도, 자강도.

내면을 비추는 방

남한교사 : 처음 뵙겠습니다. 저희는 인천과 경기도의 초등학교에서 근무하고 있는 교사입니다. **북한의 초등학교**에서 근무하셨던 선생님들의 이야기를 듣고 싶어서 이 자리를 마련했습니다. 먼저 소개 부탁드립니다.

북한교사1 : 저는 이선영입니다. 나이는 40대이고 고향은 함경북도입니다. 북에서 5년 동안 교사 생활을 했고 남한에 온 지 7년 정도 되었습니다.

북한교사2 : 저는 김지선입니다. 30대이고 함경북도에서 2년 동안 근무했습니다. 지금은 한국교원대학교에서 공부하고 있습니다.

북한교사3 : 저는 박미영입니다. 자강도에 있는 강계교원대를 졸업하고 7년 정도 교편을 잡았습니다. 나이는 50대이고 현재 탈북대안학교에서 근무하고 있습니다.

남한교사 : 이 카드는 '솔라리움 카드[1]'입니다. 선생님의 삶을 카드 한 장에 다 담을 수는 없겠지만, 그래도 테이블 위에 놓인 50장의 카드 중에서 선생님의 삶과 가장 닮은 카드를 한 장씩 뽑아주시겠어요?

---

1) 솔라리움(Soularium)은 마음(Soul)과 일광욕실(Solarium)의 합성어로, 솔라리움 카드는 '내면을 비추는 방'이란 뜻을 가진 나눔 카드이다.

이 이야기는 교사 출신 탈북자 3명을 인터뷰하여 재구성하였습니다. 북에 남겨진 가족의 신변 보호를 위해 구체적인 탈북 계기와 과정은 언급하지 않았고, 북한에서의 교사로서의 삶을 중심으로 이야기를 썼습니다. 또한 가명을 사용하였으며 일부 내용은 각색한 것임을 밝힙니다.

1. 선영씨 이야기

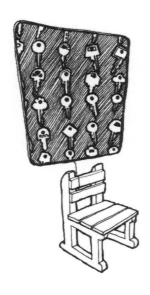

"제가 고른 카드는 열쇠가 그려진 카드에요.
제 삶의 문을 열어줄 열쇠는 무엇일까, 항상 궁금했어요."

열쇠 하나. 나는 무엇이 될까

한국에 온 지는 7년 정도 됐어요. 3개월의 하나원 생활을 마치니 나라에서 집을 준다고 하더라고요. 나라에서 주는 거니까 얼마나 좋은 집일까 기대했죠. 북한에서는 나라에서 주는 건 뭐든 제일 좋았거든요. 그런데 임대아파트에 들어선 순간 실망을 넘어 충격이었어요. 이 코딱지만 한 곳이 남한에서의 내 집이구나……. 비좁은 임대아파트에 대충 살림살이를 채워 넣으니, 이 낯선 곳에서 먹고 살 걱정에 눈앞이 캄캄했지요.

식당일부터 시작했어요. 처음에는 서빙으로 들어갔어요. 고기를 먹던 아저씨들이 "후레쉬 둘이요."라고 하는데 도무지 무얼 달라는 건지 모르겠더라고요. 동포끼리 말은 통할 것이라 생각했는데, 알아듣지 못한다고 일주일 만에 주방에 들어가 설거지를 하게 됐어요. 북한에서는 한 번도 해 본 적 없는 허드렛일을 하라는 거죠. 아무리 돈이 중해도 이건 아니다 싶었어요. 다시는 이런 곳에 발을 들여놓지 않겠다고 결심하며 일주일 일한 급여도 마다하고 그 길로 식당에서 나왔어요.

물론 지금은 후레쉬가 소주 이름인 걸 알아요. 호된 신고식을 치르고서야 대한민국에서의 나는 0부터 시작해야 한다는 걸 깨달았죠.

자물쇠 하나 : 나는 무엇이 될까

선영씨의 아버지는 소학교(초등학교) 선생님이었다. 선영씨 아버지 때는 교사가 되려면 공부도 잘해야 했지만 출신성분도 좋아야 했다. 일선에서 가르치는 교사들은 '직업적 혁명가'이니 사돈의 팔촌까지 출신성분을 보고 뽑았다. 선영씨는 선생님인 아버지가 자랑스러웠다.

선영씨는 공부를 잘했다. 아버지께서 딱히 공부하라는 소리를 하신 것은 아니지만 교사 자녀는 당연히 공부를 잘해야 한다는 생각에 언니, 오빠와 선영씨는 열심히 공부했고 그 덕에 학교 다니는 내내 장급2)은 달고 다녔다.

선영씨가 다닌 학교는 한 학급에 50명 정도 되었는데 반장의 역할이 쉬운 일은 아니었다. 4·153)나 2·164)에 학급별로 충성의 노래 경연대회를 한다고 하면 공연을 준비하고 지도하는 것은 반장의 몫이었다. 뿐만 아니라 시험지 채점과 구구단 검열에서부터 집단체조를 배워주는 일까지도 반장이 도맡아 했다.

학창시절 가장 행복했던 때는 입시반인 중학교 6학년(남한의 고등학교 3학년) 때였다. 그 때는 교실에서 친구들과 담요를 덮고 밤을 패면서 수학 문제를 풀었다. 반에 공부를 꽤 잘하는

---

2) 반장, 부반장 등의 급
3) 태양절, 김일성 탄생일
4) 김정일 탄생일

학생이 몇 명 있었는데, 선생님께서 방과 후에 공부하라고 교실 문을 걸어놓고 회의에 가시면 선영씨와 친구들은 창문을 타넘어 산으로 들로 나가서 자연을 교실 삼아 공부하기도 했다. 그 무렵에는 귀했던 전자시계를 가진 친구가 "시간 됐다, 가자." 하면 창문을 넘고 돌아와 자리에 가만히 앉아있었던 척 했다. 친구들과 세계사 책을 읽으며 진로에 대한 고민도 나누고 어려운 수학문제 하나를 붙들고 머리 싸매며 토론도 했던, 참 좋았던 시절이었다.

열쇠 둘. 배운다는 것

남한에 와서 교통카드를 한 장 받고서 참 좋은 세상이다 싶었어요. 이거 한 장 달랑 들고 여기 저기 다닐 수 있다니, 교통카드에 5천원을 넣어놓고 신나게 버스를 타고 다녔지요.

버스 단말기에 교통카드를 갖다 대는 게 제법 익숙해진 어느 날, 평소처럼 카드를 갖다 대었지만 단말기에서 나는 소리가 달랐어요.

"잔액이 부족합니다."

무슨 소리인지 모르고 그냥 빈자리에 떡하니 가서 앉았죠. 기사님이 "아가씨!" 하고 부르는데, 주위를 둘러보니 대낮에 버스를 타고 있는 사람은 대부분 어르신이었고 '아가씨'라 불릴 법한 사람은 나밖에 없었어요. 무슨 일인가 하며 기사님께 가보니 버스카드에 남은 돈이 없다고 하네요. 버스카드는 5천원 주고 한 번 사면 그만인 것이 아니고 돈이 떨어질 때마다 충전을 해야 한다는 걸 창피를 당하고서야 배웠어요. 남한에서는 자존심이 수업료였어요.

자물쇠 둘. 배운다는 것

선영씨는 함경북도 회령시에 있는 김정숙교원대학[5]을 나왔다. 함경북도에는 2개의 교원대학이 있는데 청진교대는 주로 교양원(유치원 교사)을 양성하거나 예체능을 잘하는 학생들이 갔고, 정말 실력이 있는 학생들은 김정숙교대로 모였다.

교명에 김일성 주석의 직계가족 이름이 들어간 덕에 김정숙 교원대학은 교복도 특별했다. (북한의 대학생들은 모두 똑같은 대학생복을 입고 뺏지로 학교를 구분했다.) 선영씨는 교대에 입학하며 일본 조총련[6]에서 좋은 원단을 받아 만든 치마저고리를 받았다. 하늘거리는 흰 저고리에 기계주름을 넣은 검은 치마는 북한에서 따를 것이 없을 정도로 좋았다. (사촌 언니는 선영씨에게 사정사정해서 옷을 빌려 입고 다니기도 했다.) 선영씨는 장군님이 알아주는 학교에 다닌다는 생각에 자부심이 넘쳤다.

교원대학에서는 국어교수법, 수학교수법, 혁명역사교수법 등 각 과목에 대한 교수법과 교육철학, 아동심리 등의 교육이론을 가르쳤다. 선영씨는 대학에서 정신분석이론, 인지발달이론, 심리사회적발달이론도 배웠지만 프로이트나 피아제, 에릭슨은 몰

---

5) 김정숙교원대학은 함경북도 회령시에 위치한 3년제 사범교육기관으로, 함경북도 내의 소학교교원과 유치원교양원을 양성하기 위해 설립되었다. 소학교교원을 양성하는 교원학과와 소학교체육교원을 양성하는 체육학과, 유치원교양원을 양성하는 교양원학과를 운영하고 있다. (조선향토대백과)

6) 재일본조선인총연합회

랐다. 대학에서 배우는 모든 교육이론은 '사회주의 교육학'이라 하여 북한에서 독자적으로 연구하고 체계화한 것인 줄로만 알았다.

선영씨가 남한에 와서 교육학 강의를 들을 기회가 있었는데 강의 내용이 대부분 대학 다닐 때 배운 내용이었다. 그제야 '사회주의 교육학'이 외국의 교육학 내용을 북한식으로 바꾼 것이란 사실을 알았다. 그래서 교대에서 교육학 이론은 가르쳐도 그것을 만든 외국 교육학자들에 대해서는 가르치지 않았다는 것도.

전쟁 후 북한이 소련의 영향을 많이 받으면서 남의 나라 것을 그대로 받아들이는 것은 '사대주의'라는 비판의 목소리가 있었다. 소련 및 동구 사회주의권이 무너지면서 북한만의 독자적인 사회주의의 필요성도 대두되었다. 마침내 주체사상을 기초로 다른 나라의 좋은 것은 발전시키고 나쁜 것은 버려서 북한의 실정에 맞게 차별화한 '우리식 사회주의'가 등장한 것이다. 북한의 예비교사들이 배우는 '사회주의 교육학'도 그런 맥락이다.

대학 공부를 하며 의문이 생길 때도 있었다. 선영씨는 '사회주의 경제학' 시간에 자본주의는 계획경제가 아니기 때문에 수요와 공급이 맞지 않아 결국 몰락한다고 배웠다. 그런데 자본주의 경제체제가 발생한 지 백 년도 지난 지금까지 왜 자본주의가 무너지지 않았는지 이해되지 않아 교수님께 질문을 했고 대답은 듣지 못했다. 선영씨는 열정적으로 배워주지 않고 책에

쓰인 대로만 가르치는 교수님이 혹시 간첩은 아닐까 의심했다.

배움과 의문을 품고 김정숙교원대학을 졸업하며 선영씨는 함경북도의 어느 소학교에 발령을 받았다.

열쇠 셋. 나는 선생님이었다

남한에서 새 삶을 시작하면서 가장 큰 고민은 '뭐 해서 먹고 사나'였어요. 전공을 살려 교육 관련 일을 해보고 싶었지만, 북한에서 교사를 했든 뭘 했든 관심을 가져주는 사람은 없었어요.

남한에서의 첫 직장은 병원이었어요. 사실 어렸을 때 꿈은 의사였거든요. (의대에 못가서 차선책으로 아버지 뒤를 이어 교사가 되긴 했지만요) 의사는 못해도 간호사는 해보자 싶어 공부를 하고 자격증을 땄어요. 그런데 실습을 가서야 '간호사'와 '간호조무사'가 다르다는 것을 알았어요. 간호사가 되려면 간호대학을 나와야 한다고 하더라고요. 어쩔 수 없이 간호조무사로 병원에서 5년 정도 일했지요.

그런데 북한에서는 교사였던 사람이, 더 높아질 것 없는 간호조무사로만 있기에는 아깝다는 생각이 들었어요. 나 같은 사람이 여기서 멈춰 있으면 북에서 공부 안 하고 온 사람들은 갈 곳이 없겠다는 생각도 들고, 남한 사람들이 북에서 온 사람들을 바라 볼 시선도 의식이 되었고요. 일종의 대표성이랄까. 내가 앞장서서 더 나아가야겠다는 생각이 든 거죠.

다시 교육 쪽을 기웃거리니까 길이 있긴 하더라고요. 남북하나재단에서 운영하는 '탈북학생 전담 코디네이터 과정'에 참여하게 되었어요. 탈북학생 전담 코디네이터는 탈북학생이 15명 이상인 학교에서 탈북학생의 학교생활 적응을 돕는 역할을 해요. 상담도 하고 부족한 공부도 가르치고……. 제 전공을 살리기에 좋은 직업이라고 생각했어요.

그런데 교육을 받으면 나라에서 학교로 발령을 내주는 줄 알았는데 그게 아니었어요. 탈북학생 전담 코디네이터를 수도권에서만 몇 명 뽑고, 제가 사는 지역에서는 탈북학생수가 적어 한 명도 뽑지 않는다고 하더라고요. 일을 시켜주지도 않으면서 교육은 왜 시켰나 야속했지요. 북한에서처럼 중앙에서 '아~' 하면 말단 군 · 시 · 읍 · 동까지 같이 '아~' 할 줄 알았는데, 서울에서 소리를 낸다고 지방까지 오는 건 아니라는 걸 배웠어요. 사람이 많은 곳에 있어야 기회도 많겠구나 싶어 지방 생활을 정리하고 서울로 올라오게 되었죠.

지금은 다른 일을 하고 있지만 기회가 된다면 남한에서도 교육 관련 일을 하고 싶어요. 북한에서 하던 일이니까요.

자물쇠 셋. 나는 선생님이었다

선영씨는 소학교 교사로 5년간 근무했다. 아버지께서 퇴직한 후에도 찾아오는 아버지의 제자들을 보며, 먼 훗날 내가 배워 준 아이들이 훌륭한 혁명의 계승자가 되어 나를 찾아오면 정말 보람 있겠구나 생각했다. '직업적 혁명가'로서의 자부심과 긍지가 있었던 아버지처럼, 선영씨도 좋은 선생님이 되고 싶었다.

선영씨는 학기가 시작하기 전에 다음 학기 모든 차시의 교수안을 작성해서 교장선생님께 검열을 받았다. 북한에도 남한의 교사용 지도서처럼 과목마다 매 차시의 수업을 안내하는 '교수안 표본'이 있다. 교사들은 그것을 보고 교수안을 옮겨 적었다. 방과 후에도 쓰고 방학 때도 썼으며 검열이 다가올 때는 밤을 새면서 썼다. 교수안 작성을 안 한 채로 수업을 하는 교사는 거의 없었다. 선영씨는 준비되지 않은 채 아이들을 가르치는 사람은 교사로서의 자격이 없다고 생각했다.

수업은 정치사상교육으로 시작하였다. '위대한 수령 김일성 동지께서는 다음과 같이 교시하셨습니다.'나 '친애하는 지도자 김정일 동지께서는 다음과 같이 말씀하셨습니다.'와 같이, 이번 시간에 배울 내용과 관련된 김일성의 교시나 김정일의 말씀으로 시작하기도 했고, '365일 교양자료'라고 해서 일별로 김정일이 어린 시절에 한 일을 이야기하기도 했다. 오늘이 11월 25일이라면 '1955년 11월 25일, 추워진 날씨에 김정일 동지께서는 따뜻한 물로 아버지께 효도를 했다. 우리도 본받아 효도하자.'

는 식이었다. 다른 과목보다도 특히 수학 시간에 교시나 말씀을 적용하는 것이 어려웠다. 2×3=6과 장군님 이야기를 어떤 식으로 접목시켜야 한단 말인가?

수업이 끝난 후에도 선영씨는 아이들과 함께 했다. 아이들은 집에서 밥을 먹고 다시 학교에 모였고 숙제와 보충 공부 혹은 청소를 하며 선영씨가 퇴근할 때까지 함께 있었다. 북한의 소학교는 1학년부터 졸업반인 4학년까지 한 담임이 같은 학급을 맡는데다가 하루 종일 학교에서 아이들과 함께 있다 보니 선영씨는 한 아이, 한 아이에 대해 눈빛만 봐도 속속들이 알았다.

아이들이 가장 떨리는 눈빛을 보이는 날은 단연 시험 날이었다. 시험은 한 학기에 한 번, 일 년에 두 번 정도 봤다. (공부를 많이 시키는 학교에서는 한 달에 한 번씩 경연을 보기도 했다.) 선영씨는 미리 동료 교사와 함께 만든 문제와 답을 아이들에게 불러주며 받아 적게 했다. 복사기가 없으니 선생님께서 불러주시는 문제와 답을 적으며 학생별로 자기 문제집을 만들어 공부하는 것이다. 시험 날은 칠판에 문제를 썼다. 한 시간에 한 과목의 시험을 봤으며 시험문제는 1안, 2안 각 4~5문제 정도였다. 문제유형을 1안, 2안으로 나눈 것은 부정행위를 방지하기 위한 방법이었다. 앉은 줄별로 1안, 2안을 번갈아 풀게하여 옆에 친구 답안지를 보고 쓰지 못하도록 했다. (첫 번째, 세 번째 줄이 1안 문제를 풀고, 두 번째, 네 번째 줄이 2안 문제를 푸는 식이다.) 채점을 한 답안지는 학기에 한 번씩 있는 '학부형회의' 때 학부모님께 보여드렸다. 학부형회의에 빠지는 학부모는 거의 없었다.

어느 모임에나 그렇듯, 학부모 중에서도 열성분자는 있었다. '모자위원'이라고 하여 학교를 꾸리는 데 앞장서는 사람들이다. 나라에서 내려오는 예산이 딱히 없었기 때문에 학교 살림살이는 학부모들의 몫이었다. 예를 들어 칠판이 낡으면 모자위원들은 팔을 걷어붙이고 시멘트를 발랐고, 빗자루나 밀대 같은 청소도구가 떨어지면 십시일반으로 돈을 걷어서 마련했다. 겨울에는 학부모 뿐 아니라 학생들까지 동원되어 월동 준비로 난로를 놓거나 교실 벽에 하얗게 회칠을 했다.

그런데 1994년 김일성 주석의 사망 이후 북한의 경제사정이 급격히 어려워지며 이른바 '고난의 행군7)'이 시작되었다. 광에서 인심난다고 하듯, 학부모들의 사정이 어려워지자 교실 사정도 어려워졌고, 선영씨의 교사 생활에도 고난이 찾아왔다.

선영씨가 어릴 때는 소풍을 가면 엄마들이 평소 먹는 것보다 더 신경 써서 도시락을 싸줬다. 열성 엄마들은 선생님들 도시락까지 챙겨서 보냈다. 소풍날에는 가까운 산이나 강에 가서 보물찾기나 수건돌리기 같은 놀이를 하기도 했고 학급별로 장기자랑을 하기도 했다.

하지만 선영씨가 교사로 근무할 때는 아이들하고 등산 한

---

7) 북한이 1990년대 중 · 후반 국제적 고립과 자연재해 등으로 극도의 경제적 어려움을 겪은 시기에, 이를 극복하기 위해 제시한 구호. (시사상식사전)

번, 소풍 한 번을 못 갔을 뿐 아니라 소풍이라는 말도 내뱉지 못했다. 평소에 밥도 못 먹을 정도로 어려운데 소풍 도시락은 엄두도 못 낼 일이었기 때문이다. 한 반에 서른 명이면 열 명 정도는 학교에 꼬박꼬박 나오는 것조차 힘든 때였다.

선영씨가 3학년 아이들을 가르치며 주어진 낱말로 짧은 글짓기 활동을 할 때 있었던 일이다. 제시된 낱말은 '부글부글'이었는데 당연히 '적개심이 부글부글 끓어올랐다'와 같은 문장이 나올 줄 알았다. 북한에서 '부글부글'의 짝은 당연히 '적개심'이다.

하지만 아이들 중 하나가 '우리 집 부엌에서는 죽 가마가 부글부글 끓고 있습니다.'라는 문장을 발표하여 선영씨를 놀라게 했다. 마음상태를 나타내는 낱말인 '부글부글'을 사용하여 일상생활을 표현한 것도 당황스러웠는데 '죽 가마가 끓는다.'며 밥도 못 먹는 가난한 집안 사정을 대놓고 이야기했으니, 만약 공개수업이라도 되었다면 어땠을까 아찔한 기분마저 들었다.

가정방문을 가서 마음 아팠던 적도 있었다. 며칠째 학교에 안 온 아이의 집에 찾아갔는데 집안 꼴이 말이 아니었다. 방바닥은 장판도 없이 시멘트 바닥이었고 군데군데 비가 샌 자국도 있었다. 집에 엄마는 없고 아이 혼자 있는데 '학교에 왜 안 왔느냐'고 물으니 걸칠 게 없어서 못 갔다고 한다. 가만 보니 그릇에 물을 받아 교복을 담가 놨는데 비누가 없어서인지 흰 옷이 시커멓게 때가 탄 모습이었다. 아이들에게 '세상에서 제일 부러움 없는 우리나라'라고 가르쳐왔는데 아이들의 현실은 교과서와는 달랐다.

고난의 행군은 교사로서의 긍지도 흔들었다. '부부가 교원이면 굶어 죽는다.'는 속설이 나돌았다. 자기 집안 끼니도 책임지지 못하면서 학교에 나와 아이들을 가르치는 것이 옳은 일인지, 이 혼란한 시대에 과연 아이들에게 무엇을 가르쳐야 할지 선영씨는 고민했다. 배급이 끊긴 상황에서 교사는 학교를 지키느라 장마당에 나가서 장사를 하기도 어려웠다. 학부모에게 물건을 주고 장마당에서 팔아달라고 부탁하는 선생님도 있었지만, 여전히 교사 자녀들은 점심시간에 찾아와 배고프다며 울었다.

아버지처럼 좋은 선생님이 되고 싶었던 선영씨는 새로운 문이 열리길 꿈꾸며 탈북을 결심했다.

마지막 열쇠. 꿈

　북한에서 배운 자본주의 사회는 '눈 감으면 코 베어가는 사회'였어요. 남한에 온 지 얼마 되지 않았을 때, 먼저 들어온 가족이 일하다가 다쳐서 병원에 입원을 한 적이 있어요. 산재처리가 되어 병원비를 내지 않았지만, 만약 직장에서 다친 게 아니었다면 그 많은 병원비를 우리가 다 내야한다는 것을 듣고 깜짝 놀랐죠. 자본주의는 돈이 없으면 치료도 받지 못하는 사회라는 걸 알고서 그 길로 바로 보험에 가입했어요.

　녹록치 않은 대한민국 생활에 적응하기 위해 전투하듯 살았어요. 서로 등쳐먹는 곳이라고 들었던 자본주의 사회에 발을 들여놓으며 누군가 친절하게 다가오면 경계부터 했고요. 하지만 이곳에서 7년 정도 세월을 보내다 보니 이제는 사람 사는 곳이 다 비슷하다는 생각도 드네요.

　탈북자 중에 유독 사회복지사를 꿈꾸는 사람이 많아요. 하나센터에서 지역적응교육을 통해 만난 사회복지사 선생님께 느낀 따뜻함 때문인 것 같아요. 그 분들을 통해 남한에도 북한에서 나눴던 '정'이 있다는 걸 느꼈으니까요.

　갓 넘어온 탈북자를 보면 물인지 불인지 모르고 무작정 겪어낸 7년 전 나의 모습이 떠올라요. 내가 받았던 도움을 나누고 싶은 마음, 또 내가 겪은 어려움을 뛰어넘게 해주고 싶은 마음으로 신입 탈북자를 돕고 싶어요. 비록 북한에서 '교육 혁명가'가 되지는 못했지만, 지금 자리 잡은 새 터전에서 누군가에겐 굳게 닫힌 문을 열어주는 열쇠가 되고 싶어요.

고난의 행군이 무엇인가요?

원래 고난의 행군은 1938~1939년 김일성이 이끄는 빨치산이 만주에서 혹한과 굶주림을 겪으며 일본군의 토벌작전을 피해 100여 일간 행군한 데서 유래되었습니다.[8]

그러나 최근에는 북한이 1996~2000년 사이에 식량난으로 힘들었던 시기를 극복하기 위해 제시한 구호를 지칭하며, 이 당시 식량난으로 인해 33만여 명의 인구가 아사했던 것으로 추정되고 있습니다.

고난의 행군의 원인은 1989년 동구권의 공산당 붕괴에 이어 1991년 소련의 붕괴로 인해 고립된 조선민주주의인민공화국의 경제적 파탄으로 볼 수 있습니다. 이에 설상가상으로 1990년대 중반에는 수해로 인한 최악의 대흉작의 연속으로 배급제가 붕괴되며 아사자가 속출하기 시작했습니다.

1996년 1월 1일 노동당 기관지인 〈로동신문〉 등은 신년 공동사설에서 '모자라는 식량을 함께 나눠먹으며 일본군에 맞서 투쟁한 항일빨치산의 눈물겨운 고난과 불굴의 정신력'을 상기하자면서 '고난 행군'의 정신으로 어려움을 헤쳐 나갈 것을 호소했습니다.

그럼에도 불구하고 1990년대 중반 이후 10여 년간 식량난으로 인한 인구 손실은 61만여 명에 이르는 것으로 추산됩니다.

---

8) 박문각, 시사상식사전, pmg 지식엔진연구소.

북한의 의무교육제도는 총 몇년 일까요?

유치원
(1년)

소학교
(5년)

초급중학교
(3년)

고급중학교
(3년)

북한의 의무교육제도는 총 12년입니다.

북한은 해방 후에 여섯 차례에 걸친 학제 개편을 진행하였는데, 이 모든 학제 개편이 북한의 주요한 정치적인 변화와 깊은 관련을 가지고 있습니다. 사회주의 교육의 핵심적인 특징 중의 하나인 교육과 정치를 분리하지 않는다는 것이 북한의 경우에도 그대로 적용되고 있어 주요 정치적 변화가 직접적으로 교육의 목표와 정치사상 교육(북한 용어로 교양, 이후 교양으로 통일) 내용에 영향을 끼친 것으로 볼 수 있습니다. 이에 북한 학제 개편의 주요 내용, 그와 관련된 교사 양성제도 개편 내용, 그리고 각 시기별 북한 교육의 목표와 정치교양의 강조점을 표로 정리하면 다음과 같습니다.

〈표1〉 북한 학제 개정과 의무교육제도 변화(김정원 외, 2014, p.52)

학제 연령	1946년 개편		1953년 개편	1959년 개편		1966년 개편		1973년 개편		2012년 개편	
17	고급중학교	기술전문학교		고등기술학교		고등학교	고등기술학교				고급중학교
16	고급중학교	기술전문학교		고등기술학교		고등학교	고등기술학교				고급중학교
15		기술전문학교	고급중학교								고급중학교
14	초급중학교	초급기술학교	고급중학교	기술학교				11년 의무교육	고등중학교 (중학교)	12년 의무교육	초급중학교
13	초급중학교	초급기술학교	초급중학교		중학교	9년 의무교육	중학교	11년 의무교육	고등중학교 (중학교)	12년 의무교육	초급중학교
12	인민학교		초급중학교	7년 중등의무교육	중학교	9년 의무교육	중학교	11년 의무교육	고등중학교 (중학교)	12년 의무교육	초급중학교
11	인민학교		초급중학교	7년 중등의무교육	중학교	9년 의무교육	중학교	11년 의무교육	고등중학교 (중학교)	12년 의무교육	초급중학교
10	인민학교		초등의무교육 56년 실시	7년 중등의무교육	인민학교	67년 실시	인민학교	11년 의무교육	인민학교 (소학교)	2014년 실시	소학교
9	인민학교		초등의무교육 56년 실시	7년 중등의무교육	인민학교	67년 실시	인민학교	11년 의무교육	인민학교 (소학교)	2014년 실시	소학교
8	인민학교		초등의무교육 56년 실시	58년 실시	인민학교	67년 실시	인민학교	72-75년 실시	인민학교 (소학교)	2014년 실시	소학교
7	인민학교		초등의무교육 56년 실시	58년 실시	인민학교	67년 실시	인민학교	72-75년 실시	인민학교 (소학교)	2014년 실시	소학교
6											
5								유치원	높은	유치원	높은
4								유치원	낮은	유치원	낮은

〈표2〉 시기별 북한 교육의 목표와 교양의 강조점(김정원 외, 2014, p.53)

시기 구분	교육 목표의 강조점	정치사상 교양의 강조점
민주개혁기 (1945-1952)	민주조국 건설을 위한 인재 양성	민주주의 도덕
전후복구기 (1953-1958)	교육과 생산노동의 결합	사회주의, 공산주의
7년제 의무교육기 (1959-1966)	교육과 생산노동의 결합 지덕체를 갖춘 공산주의 혁명가 양성	만주 유격대 혁명전통 교양
9년제 의무교육기 (1967-1972)	지덕체를 갖춘 공산주의 혁명가 양성	수령 김일성에 대한 충성
11년제 의무교육기 (1973-1994)	자주성과 창조성을 가진 공산주의 혁명인재 양성	주체사상 교양
선군사회주의기 (1995-2012)	지식경제시대 인재 양성	선군사상 교양

〈참고〉 김정원 외 (2014). 남북한 교사 역할 비교 분석 연구. 서울, 한국교육개발원.

북한 학생들도 시험을 보나요?

북한의 학교에서도 시험을 여러 번 치릅니다. 학과목 선생님이 수시로 치르는 시험이 있는가하면, 학기말시험, 학년말 시험처럼 시험기간을 정해 놓고 치르는 중요한 시험이 있습니다. 4월 1일에 새 학년을 시작하는 북한에서는 8월에 보는 학기말시험과 3월에 보는 학년말시험을 '국가시험'이라고 해서 전국의 학생들이 동시에 치르며 시험기간도 일주일에서 열흘 정도나 됩니다.

시험과목은 소학교의 경우 김일성, 김정일 어린 시절, 국어, 수학, 자연 등 5과목이며 중학교의 경우에는 김일성, 김정일 혁명활동 (고학년은 혁명력사), 국어, 영어, 수학, 물리, 화학, 생물, 체육, 음악 등의 과목을 치릅니다. 특별히 더 열심히 공부해야 하는 과목은 김일성, 김정일 관련과목입니다. 왜냐하면 '김일성, 김정일을 우상화'하는 과목에서 낙제점수를 받을 경우 다른 과목을 아무리 잘해도 결국 낙제가 되기 때문입니다.

시험 방법은 필기시험과 구술시험, 실기시험이 있습니다. 필기시험은 남한 시험과 유사하지만 객관식 문제는 없고 질문에 대해 길게 답을 쓰는 논술형이나, 간단한 단답형으로 되어 있습니다. 주로 고급중학교에서 보는 구술시험은 학생이 시험관 앞에서 문제가 적힌 종이를 뽑아 답을 말로 대답하는 방식입니다. 체육이나 음악은 실기시험을 봅니다.

남한에서 성적은 주로 100점 만점으로 계산하는데, 북한에서는 5점 만점으로 되어 있습니다. 5점은 최우등, 4점은 우등, 3점은 보통, 2점 이하는 낙제가 됩니다. 학년말 시험은 '진급시험'의 의미가 있기 때문에 여기서 낙제를 하면 원칙적으로 다음 학년에 올라갈 수가 없습니다.

시험 성적이 나오면, 한 반에도 최우등 학생이 몇 명씩 나오게 되는데 최우등 학생이 여러 명인 학급은 담임선생님과 학생들이 칭찬을 받기 때문에, 시험 때가 되면 학급의 성적을 올리려고 선생님과 학생들은 모두 함께 열심히 노력하게 됩니다.

〈참고〉 인터넷 통일학교 http://tongil.moe.go.kr

'영예의 붉은기'란 무엇일까요?

「사회주의 교육학」에서는 영예의 붉은기 쟁취운동에 대해 청소년 학생들을 당과 수령에 끝없이 충직한 공산주의 혁명가로 키우고 학습과 조직생활에서 새로운 전환을 일으키기 위한 대중적 사상문화교양운동이라고 합니다. 소년단 생활을 통한 정치사상 교양을 중점에 두고 어릴 때부터 김일성과 김정일의 말을 무조건 받아들이고 복종시키는 집단주의 교양에 목적을 두고 있습니다.

영예의 붉은기를 받기 위해서는...

소년단에서 모범인 소년단원에게는 '김일성소년영예상'을, 모범적인 학급에는 '영예의 붉은기 분단'이라는 칭호를 수여합니다. 이것을 소년단 최고의 영예라고 여겨 2중, 3중 영예의 붉은기 쟁취운동을 하게하며 '3중 영예의 붉은기'가 최고 등급입니다. 학교에서 영예의 붉은기 분단이 되려면 모든 학생이 김일성, 김정일의 주체사상으로 무장하고 최우등, 우등생이어야 하며 소년단에서 준 분공9)과 과제를 모두 수행하고 조직생활에서 가장 우수한 학급이 되어야 합니다.

---

9) 당에서 나누어 맡긴 일

⟨표3⟩ 소년단에서 제시한 지표 기준

사상사업	학생들을 김일성, 김정일의 사상으로 무장. 김일성 도록(김일성의 역사내용을 기록한 문헌)을 비롯한 김정일의 역사(1942년 태어난 때부터 현재까지 활동한 것을 정리한 교양자료 문헌)를 학습해야 하고 '김일성 교시록'과 '김정일 말씀록'을 학급학생 전원이 구비해야 한다.
학 습	학급 전원이 모두 최우등, 우등 성적이어야 한다.(5점 만점에 전원 4점 이상)
문건구비	각종 회의록, 보고서, 출석부, 분공안, 생활총화기록부 등을 구비해야 한다.
예술사업	김일성, 김정일에 대한 노래, 그들이 지은 시 등 노래 20개 제목에 대한 가사내용을 모든 소년단원들이 알고 있어야 하고 대중무용으로 분단전원이 20개 제목에 대한 무용보급과 한 가지 이상의 악기를 다룰 줄 알아야 한다.

사례를 보면 학생들이 1인당 10원~20원 등의 돈을 내거나 파지나 파유리 등을 수매하는 '꼬마계획'과 토끼 가죽을 모으는 일도 기준에 포함되어 있기도 합니다.

    모든 기준을 수행하면 영예의 붉은기 분단 쟁취의(군, 도, 중앙) 심의를 받아야 하고 합격 후에 칭호를 받게 되는데, 합격할 경우에는 영예의 학급 전원이 시 사로청[10])으로 직접 가서 영예의 붉은기 학급증서와 깃발, 휘장을 수여 받고 김정숙 사적관이나 평양 등을 견학하는 혜택이 주어집니다.

〈참고〉 최영실 (2010). 북한의 조선소년단 조직생활에 관한 연구. 석사학위논문, 이화여자대학교, 서울.

---

10) 김일성사회주의청년동맹, 청년층을 대상으로 한 북한 노동당의 가장 중요한 외곽단체

2. 지선씨 이야기

"제가 고른 카드는 마라톤 카드에요.
지금 저는 길고 긴 마라톤 코스를
달리고 있는 것 같아요."

마라톤. 완주를 목표로

남한에 와서 한 달 동안은 잠도 못자면서 진로를 고민했어요. '시집이나 가라'고 하는 사람들도 있었지만 내 인생은 내가 책임져야 한다는 생각이 컸지요.

제 주변에는 남한에 꽤 잘 정착한 탈북자들이 많아요. 한의사도 있고 약사도 있어요. 먼저 넘어 온 오빠는 의사로 일하고 있어요. 북한에서 의대를 나왔거든요.

고민 끝에 '전문직 자격증을 따서 끝까지 가자.'는 목표를 세웠어요. 공부는 자신 있어요. 북한에서 대학을 졸업했다는 건 공부를 꽤 잘 했다는 뜻이에요.

첫 번째 코스. 北 대학 입시

지선씨는 중학교 1학년 때부터 의대 진학이 목표였다. 오빠 둘도 의대에 다녔으니 배운 게 도둑질이라고 지선씨는 의대 외에는 생각해 본 적이 없었다.

지선씨 부모님은 자식을 공부시키는 데 열의가 있는 분이셨다. 도시에서는 자식을 대학에 보내 공부 시키려고들 했지만 지선씨가 자란 시골에서는 그런 생각 없이 그저 먹고 사는 경우가 대부분이었다. 하지만 지선씨 부모님은 달랐다. 알아야만 대접을 받는다며, 새벽부터 밤늦게까지 일해 자식들을 공부시켰다.

북한에서 부모님의 도움 없이 대학 공부를 하는 것은 꿈도 꿀 수 없는 일이었다. 학비는 전액 국가 지원이었지만 책값, 재료비, 시설사용비 등 대학을 다니는 매일이 돈이었다. 북한에는 아르바이트라는 개념 자체가 없으니 공부를 하거나 일을 하거나 둘 중 하나만 할 수 있었고, 공부를 하려면 부모님의 뒷받침이 필수였다.

대학에 지원을 하려면 모집과장을 통해야 했다. 특히 의대는 인맥이 있거나 성적이 아주 좋아야만 지원해볼 수 있는 기회가 생겼다. 지선씨 아버지는 간부도 아니고 평범한 노동자였기 때문에 지선씨는 누구보다 열심히 공부했다. 중학교 4학년부터 6학년까지(남한의 고등학교 1~3학년) 배운 내용이 대학 입시 범위였는데, 3년 동안의 수업 내용을 모두 공책에 받아 적어서 과목마다 한 권씩 묶어 통째로 달달 외웠다. 새벽 5시만 되면 아버지께서 깨워주셨고 밤 12시까지 앉아서 공부했다. 집에 전깃불이 없으니 밤에는 등잔불을 켜고 공부했다.

자식에 대한 교육열이 대단한 지선씨 부모님이었고 그 기대에 부응한 삼남매였지만, 자식 셋을 의대에 보내기는 버거우셨던 것 같다. 아버지께서 어느 날 지선씨를 부르시더니 의전(의학전문학교)에 가서 준의사가 되거나 교대에 가는 것은 어떠냐고 하셨다. 의대는 실습이 많으니 실습비, 재료비 등 다른 대학보다 들어가는 돈도 많다. 다른 대학에 1원을 낸다면 의대는 10원을 내야하는 정도다. 게다가 의대는 6년제이고 의전과 교대는 3년제이다. 집안 사정을 모르지 않는 지선씨는 꿈을 접고 아버지의 생각에 따를 수밖에 없었다. 다만, 오빠들은 대졸인데 지선씨만 전졸이 되는 것은 싫다며 의학전문학교 말고 교원대학을 가겠다고 했다. 막내딸의 마지막 자존심이었다.

지선씨와 아버지 모두에게 씁쓸한 선택이었지만, 교원대학에 입학하며 지선씨는 시골 모교(중학교)의 자랑거리가 되었다.

두 번째 코스. 南 대학 입시

남한에 와서 첫 목표를 '전문직 자격증'으로 잡은 것이 4월이었고 대학 입시에 도전한 것은 7월이었어요. 전문직 자격증을 따서 안정적인 직장부터 구하자는 생각이었지요. 대입 원서를 3개는 의대, 1개는 치의대, 1개는 교원대에 넣었어요. 북한에서 의대를 포기하고 10년 동안 후회했거든요. 집안 사정이 어려워도 아버지께 매달려 볼 걸……. 이번 기회에는 미련 없이 한 번 해보자는 마음으로 의대를 지망했지요. 의대 특별전형은 면접 없이 시험으로만 학생을 선발했어요. 외국에서 유학하고 온 학생들과 함께 경쟁했는데 한 달 반 공부하고 시험을 봤으니 '어느 것을 고를까요?' 하고 찍는 수준이었고 당연히 불합격할 수밖에 없었죠.

제 인생 첫 번째 불합격이었어요. 북한에서는 뭐든 도전한 것은 다 이뤘거든요. 실패에 대한 아픔은 생각보다 컸어요. 버스에서도, 지하철에서도, 화장실에서도 자꾸 눈물이 났어요. 3일 동안 잠수를 탔죠. 너무 오래 힘들어하면 오빠가 걱정할까 봐, 주변 사람들이 나약하게 생각할까 봐 딱 3일만 울다가 잊기로 했어요. 눈물 닦고 다시 준비해서 들어온 곳이 지금 다니는 한국교원대학교예요.

지금은 교직이 운명인가 싶어요. 하고 싶은 것에 도전해봤으니 후회도 없고요. 아이들을 가르치는 것은 자신 있게 할 수 있는 일이니 차라리 잘됐다는 생각도 들어요. 지금은 다음 목표인 '임용고시 합격'만 바라보며 교원대 생활에 최선을 다하려고요.

세 번째 코스. 北 교원대학

지선씨는 졸업하던 해, 모교에서 혼자 대학에 갔다. 당시 교원대학은 출신성분을 보지 않고 학생을 뽑았고 덕분에 지선씨는 실력만으로 입학할 수 있었다.

지선씨는 매일 아침 게시판에 게시되는 수업시간표에 따라 수업을 들었다. 아침 일찍 시작된 수업은 90분 강의에 10분의 쉬는 시간이 있었다. 교수님께서 강의실로 들어오시면 모든 학생이 일어나 차렷 자세로 섰고, 교수님께서 "앉으세요."라고 말씀하시면 자리에 앉아 수업을 시작했다. 수업 시간에는 모두 정자세로 앉아 교수님 말씀에 집중했고 오후 1시가 되면 모든 수업이 끝났다. 기숙사생에게는 점심식사가 제공되었지만 기숙사생이 아닌 지선씨는 집에서 밥을 먹고 다시 학교에 왔다. 2시 반부터는 강의실에서 밀린 공부나 과제를 했다.

지선씨가 다닌 교대는 3년제였고, 3년 동안 한 학급 친구들과 같은 수업을 들었다. 1~4반까지는 남녀 합반, 5~11반까지는 여학생 반이었는데 지선씨는 1반에 편성되었다. 남녀 합반의 남학생들은 주로 동급생보다 11~13살이 많은 제대군인이어서 교수님이 학생보다 어린 경우도 더러 있었다.

북한의 대학생에게는 교도대11)에 참여해야 하는 의무가 있었는데 지선씨도 6개월간 군사 훈련을 받았다. 교도대 생활을 군복무로 인정해주지는 않았지만 대학생들은 전시에 별을 달고 지휘관 역할을 해야 하기 때문에 제대군인이라도 예외 없이 훈련을 받아야 졸업이 가능했다. 그래서 교도 기간이 있는 학기에는 한 학년이나 한 학급이 통째로 학교를 비웠다.

방학은 여름에 3주, 겨울에 4주 정도 있었고 학기 중에는 학생들을 농사일에 동원하기 위한 특별방학이 있었다. 지선씨는 '고사리 방학'이라 하여 고사리가 나는 계절에 며칠 동안 학교에 가지 않고 고사리를 캐러 다니기도 했다.

3학년 때는 40일 동안 교생실습을 했다. 지선씨는 집에서 가까운 소학교에 지도교수님과 20명 정도의 동급생과 함께 배정되었다. 실습생들은 돌아가며 서로의 수업을 참관했고, 열흘 정도 후엔 한 학급씩 맡아 담임 선생님의 지도 아래 수업실습을 했다. 지선씨는 2학년을 맡았는데 학생들이 '선생님'이라고 부르는 것이 어색해서 쭈뼛거리며 인사도 잘 받지 못했다. 실습학급 담임 선생님께서는 그 모습을 보시고는 아이들 대하는 것도 곧 익숙해질 것이라며 웃으셨다. 마지막 날에는 2학년 학생들과 사진관에 가서 기념촬영을 하며 실습을 마무리했다.

---

11) 민간인을 대상으로 하는 북한의 군사조직 중 가장 핵심적인 조직으로, 17-50세의 남자와 17-30세의 미혼여성으로 구성되어 있다. 각급 행정단위별 지역과 직장 내에 설치되어 있으며, 대학생의 경우 부대편성 시 정규군의 병종·병과의 초급장교 임무를 수행할 수 있도록 각 전공별로 편성되어 있다. (한국민족문화대백과)

6학기를 마칠 무렵에는 국가졸업시험을 치렀다. 서술형 필기시험과 문답형 면접시험에 통과하면 교사 자격이 주어졌다. 지선씨와 동급생들은 대부분 국가졸업시험에 합격하여 소학교 5급 교사 자격을 얻으며 결실을 맺었다. 그렇게 교원대학에서의 3년을 보내며 지선씨는 교사로 준비되었고 졸업 후 한 소학교에 발령을 받았다.

하지만 이런저런 사정으로 북한을 떠날 결심을 하게 되었다.

네 번째 코스. 南 교원대학

　남한에서 대학생활을 하면서 학과공부를 따라가기가 어렵지 않느냐는 질문을 자주 받아요. 북한에 없는 표현이 수업 중에 나오기도 하지만 교육학의 맥락은 비슷하니까 이해하는 데 무리는 없어요. 남한에서 새롭고 다양한 교수법을 접하고 있지만 각 과목에 대한 학문적인 지식은 오히려 북한에서 더 깊이 있게 배웠던 것 같아요.

　과모임이나 동아리에는 참여하지 않는 편이에요. 수업이 없을 때에는 동기들과 어울리기보다 도서관에서 공부를 하며 시간을 보내고요. 학교에서는 마음 맞는 친구 한 명과 늘 붙어 다녀요. 공부하다가 이해가 안 되는 내용이 있어서 물어보면 인상 한 번 쓰지 않고 자기 시간을 바쳐서 배워주는 친구예요. 그 친구에게는 저를 대하는 진심이 느껴져요. 그 친구를 만나면 밥은 더치페이를 하지만 커피나 음료수는 제가 사곤 해요. 제가 이것저것 도움을 많이 받으니까요.

　탈북자 중에는 남한에서 학교를 다니면서 인간관계에 대한 고민을 하는 친구가 많아요. 간호대에 다니는 한 친구는 같은 과 동기 사이에서 자기가 호구처럼 느껴질 때가 있다고 해요. 기껏해야 4,5살 차이인데 동기들이 밥이며 커피를 사달라고 할 때가 많다고요. 차라리 그런 친구와는 멀어지는 게 나을지 고민하기에 그래도 관계를 유지하는 게 좋을 것 같다고 조언해줬어요. 그런 친구라도 없으면 밥도 혼자 먹어야 하고 학교생활에 대한 이런저런 정보도 얻기 힘드니까요.

　사회복지과에 다니는 또 다른 친구는 학교에서 말 한 마디 나눌 친구가 없어서 외롭다고 해요. 수업시간에 교수님 말씀이 이해가 안 돼서 한 번 두 번 묻다보니 언제부턴가 동기들이 자기를 피하더래요. 그런 일을 겪는다면 정말 힘들 것 같아요. 그 친구가 끝까지 대학을 마칠 수 있을지 걱정이에요.

저도 조별 과제를 할 때는 동기들 눈치를 보기도 해요. 혹시 도움이 안 될까봐 더 열심히 참여하고요. 교수님께 정보를 받아서 알려주기도 하고, 시험기간에 강의노트를 복사해주기도 해요. 특히 저는 앞에서 발표를 하는 것이 어려운데 조 대표로 발표를 맡은 친구에게는 고마운 마음에 음료수 쿠폰 같은 것을 보내준 적도 있어요. 간혹 저에게도 과제를 많이 맡아줘서 고맙다며 동기들이 음료수 쿠폰을 보내주기도 하는데 작은 것이지만 아주 크게 느껴지더라고요. 기분이 정말 좋았어요.

남한에 오니 혹시나 뒤쳐질까봐 노심초사할 때가 많아요. 북한에서는 한 번도 해본 적 없는 고민이지요. 같은 학교를 다니는 대부분의 남한 학생은 북한에서 온 학생을 처음 보는 것일 텐데, 제 모습이 곧 탈북자에 대한 평가로 이어질 수 있으니 마음이 조급해지는 것 같아요. 북한 사람도 저 학생처럼 의지를 가지고 열심히 공부하는구나, 북한 사람이라고 다 못 배운 것은 아니구나. 적어도 저를 만나는 사람들은 북한 사람에 대한 생각이 조금이라도 바뀌었으면 좋겠어요. 실제로 저를 만나고 북한 사람에 대한 편견이 사라졌다고 말해 준 사람도 있어요. 그런 말을 들으면 이곳에서 더 열심히 살아야겠다는 책임감이 생겨요.

다섯 번째 코스. 南 교생실습

2학년 때 교생실습에서 남한의 초등학교를 처음 경험했어요. 6학년 수업을 참관했는데, 디베이트 수업이 가장 인상적이었어요. 열세 살 아이들이 저보다 더 조리 있게 자기 의견을 말하더라고요. 또 한국 역사에 대해 자세히 배우는 것과 실험을 통해 과학 이론을 배우는 것도 새로웠어요. 예체능 과목을 담임교사가 아닌 교과 전담 선생님이 가르치는 것도 인상적이었고요. 그런데 수학 수업 중에 게임 활동을 한 것은 조금 이상했어요. 학습 효과는 별로 없고 수업 분위기만 소란스러워진 것 같았거든요. 저는 담임 선생님의 주도 아래 아이들이 질서 있게 활동하는 수업이 좋은 것 같아요.

저도 곧 학교로 돌아가, 선배 선생님들처럼 디베이트 수업도 하고 한국 역사도 가르치며 남한 아이들에게 '우리 선생님'으로 불리는 날이 오겠지요? 북한의 소학교에 섰던 저의 모습과 남한의 초등학교에 설 저의 모습을 나란히 그려보면 꿈속에 있는 듯한 기분이 들어요. 이쪽이 꿈인지, 저쪽이 꿈인지 헷갈리는 꿈 말이에요.

결승선

먹고 사는 것만 생각해서 남한에 온 것은 아니에요. 북한에서도 뭘 하든 먹고 살기는 했으니까요. 오히려 남한에 오니 북한에서는 몰랐던 비교의식에 좌절감이 들 때가 많아요. 탈북자에 대한 편견 때문에 자존심 상하는 일도 생기고, 북한 출신이라는 한계에 부딪히기도 하고요.

빨리 교사가 되고 싶어요. 북한에서 교사를 하다가 남한에 와서 다시 대학생이 되어서 공부를 하는 게 쉽진 않아요. 적지 않은 나이에 얼른 자리를 잡아야 한다는 부담감도 있고요. 임용시험이 걱정되지만 지금처럼 열심히 공부하다보면 합격의 기쁨도 얻을 수 있지 않을까요? (탈북자 전형으로 입학했어도 임용시험에 가산점이나 특혜는 없어요. 오빠도 의사시험을 볼 때 가산점은 없었어요.) 교사가 된다면 삶이 더 재미있어 질 것 같아요. 이곳에 온 의미가 생기는 것이니까요.

북한에서는 내가 맡은 반을 학년 일등으로 만들겠다는 생각으로 아이들을 가르쳤는데 이제는 남들과 다르지 않은, 모자람 없는 교사로 인정받고 싶어요. 동료교사들과 잘 어우러지고 학부모, 학생들이 쉽게 다가올 수 있는 편안한 선생님이었으면 좋겠고요.

일단은 제 삶이 한 단계 나아졌으면 좋겠어요. 저로 인해 북한에 대한 남한 사람들의 인식이 좋아진다면 더 좋을 것 같고요. 시간이 지나면 통일교육 관련 일을 해보고 싶기도 해요. 하지만 아직까지 멀리 보지는 못하겠어요. 일단 교대를 졸업하고 임용고시에 합격해서 교사가 되는 것이 먼저니까요. 지금은 매 학기 수업에 최선을 다할 뿐이에요. 그러다보면 이 길고 긴 마라톤도 결승선이 보이겠죠?

북한에서는 어떻게 대학에 갈까요?

북한 대학 입시의 절차

북한에서 대학에 입학하려면 총 세 번의 시험을 치러야 합니다. 우선 각 구역, 군별로 1차 대학 추천을 위한 예비시험을 치러 통과된 학생은 2차로 각 도, 직할시 단위로 2차 예비시험을 치릅니다. 예비시험에서 커트라인 안에 든 학생들은 대학입학시험 응시자격을 가지며 선호하는 대학은 1~3지망까지 지원합니다. 그러나 학생이 희망대학에서 시험을 치르기 위해서는 해당대학에 응시할 수 있는 '추천권'을 받아야 하며, 추천받은 대학에서의 시험성적 결과에 따라 합격여부가 결정됩니다.

대학에서 치러지는 시험절차는 학과시험, 면접시험, 체육시험, 신체검사로 이루어져 있습니다. 대학의 합격자 선정은 사실상 학과시험 성적에 의해 결정됩니다. 학과시험은 김일성 주석과 김정일 국방위원의 혁명역사, 수학, 국어, 물리, 외국어, 화학, 역사, 지리 등이며 주관식 시험입니다. 그러나 대학이나 학과의 특성에 따라 혁명역사, 수학, 외국어를 제외한 과목 중 하나는 다른 과목으로 대신하기도 합니다. 예를 들어, 김일성종합대학 문학대학은 물리 대신 창작실기, 외국어대학은 화학 대신 외국어 청취나 회화시험을 봅니다.

북한 대학 입시의 특징

첫째, 지원할 대학의 선택권이 개인이 아닌 국가에 있습니다. 북한은 학생 개개인이 예비시험의 성적 결과에 따라서 원하는 대학에 가서 시험을 치를 수 있는 것이 아니고, 우선 대학 시험을 치를 수 있는 '추천권'을 받아야 합니다. '추천권'은 각 대학의 학생 수용 능력, 기숙사 수용 인원, 국가의 장기 계획에 따른 분야별 전문가 양성 계획에 근거합니다.

둘째, 대학입학 추천을 받지 못한 남학생들은 대부분 군대를 가며, 군대에서 다시 대입 시험의 기회를 가지려고 합니다. 북한은 재수가 허용되지 않기 때문에 예비시험에서 떨어진 학생은 군대나 사회에서 3년간 근무해야 다시 대학입시를 치를 수 있는 자격이 주어집니다. (군대 신체검사에도 불합격한 남학생들과 추천서를 받지 못한 여학생들은 거주 지역에 따라 공장이나 농촌에 배치를 받습니다.)

성적이 뛰어나지 않은 학생은 일반적으로 우선 군대로 간 다음에, 다시 군대에서 대학입학 시험을 치를 기회를 가지려고 합니다. 왜냐하면 인민군대는 예비시험을 치르는 것보다 군사복무 기여도와 출신성분으로 대학입학 시험을 치를 수 있는 추천권을 쉽게 받을 수 있기 때문입니다. 또한 제대군인은 입학정원의 3~4배로 추천권을 받아 직통생12)과 구별해 제대군인만 따로 입학시험을 치르므로 상대적으로 수월하게 대학에 들어갈 수 있습니다. 따라서 중학교 성적이 좋지 않은 간부 자녀들은 군대에 가서 대학 추천권을 한결 쉽게 받아 명문대학에 입학하는 경향이 있습니다.

셋째, 대학입학 추천권을 둘러싼 권력, 인맥관계, 뇌물 등의 문제가 지속적으로 제기되고 있습니다. 중앙 교육부에서 각 지방 교육부로 대학 입학시험을 치를 수 있는 추천권을 할당하여 내려 보내는데, 이 과정에서 평양시는 할당량을 가장 많이 받고, 힘없는 지역은 할당량이 줄어듭니다. 또한 군·구별 및 학교별로 할당된 추천권을 받는 과정에서도 성적이 우수한 학생이 명문대학 추천권을 받기도 하지만 힘 있는 당간부의 자제가 우선적으로 추천권을 받는 경우도 적지 않습니다. 이러한 권력이나 뇌물 등에 연계되다보니 가난한 노동자, 농민의 자녀들은 일찌감치 대학 진학을 포기하기도 합니다.

---

12) 고등중학교를 졸업하고 곧바로 상급 학교에 진학하여 공부하는 학생

넷째, 합격자 선정에 시험성적 이외에 학생의 출신에 따라 차등 기준이 적용되고 있습니다. 학생의 출신 지역, 성별, 사회경험, 혁명 유자녀 등의 차등 기준이 적용되기 때문에 합격자 선정 기준은 다양한 요소를 포함하고 있습니다. 예를 들어, 평양 지역의 학생보다 지방 학생들의 성적 기준을 낮추어 지방학생들의 입학기회를 높여주기도 하고 직통생보다 군인 및 노동청년의 기준점수를 낮추어 해택을 주기도 합니다. 또한 학생의 출신 성분과 부모의 정치사상은 대학추천의 중요한 요소입니다. 최근 부모의 출신 성분에 대해 그 기준이 많이 약화되었으나 특수대학 일부에서는 여전히 적용되고 있으며 부모가 형사 처벌을 받았거나, 큰 과오를 범했을 경우 불이익을 받기도 합니다.

〈참고〉 신효숙 (2007). 북한의 대학교육과 대학입시. 수행인문학, 37(2), 39-71.

북한의 직업 선택

직업은 누가 정하나요?

북한의 「사회주의 노동법」에서는 "국가는 계획의 일원화, 세부화 방침에 따라 전인민경제적 범위에서 사회적 로동을 계획적으로, 합리적으로 조직한다."(제10조)고 명시되어 있고, 직업 배치의 주체는 '국가'라고 할 수 있습니다.

진로 결정은 사회주의 노동행정계획의 원칙과 규정에 의해 국가적인 '배치'를 받는 방식으로 이루어집니다. 경제난 이전까지 진로 결정의 주체는 교사였고, 국가의 수요, 학생의 성적 및 출신 성분을 고려하여 진로를 결정하였습니다. 현재는 학부모들에게 생계 수단을 의존하게 된 교사의 권위가 약해짐에 따라 경제력이 있는 학부모가 자녀의 진로 결정 과정에 상당한 영향력을 행사하게 되었고 특정 직업을 선호하는 일도 일어나고 있습니다.

고급중학교 2학년에 진학하면 직업 배치를 위해 희망 직업에 대한 조사가 이루어지긴 하지만 학생이 희망하는 직업을 적어 담임 교사에게 제출하는 방식으로 단 한번 행해질 뿐 대부분 형식에 불과하여 서류로만 남는 경우가 많습니다.

한 번 정해진 직업은 바꿀 수 없나요?

만 16세에 고급중학교를 졸업하면 대학교 진학, 군 입대, 직장 배치 중 하나로 1차 진로가 결정됩니다. 2차 직업 배치는 대학졸업예정자와 제대 군인이 직장으로 배치되는 것을 말하며 3차 직업 배치는 간부 승진과 직업이동 등을 말합니다. 동일한 직업 내에서 지위가 바뀔 수는 있으나 직업 간 이동은 많지 않은 편입니다.

군대에 다녀오면 혜택이 있어요!

고급중학교 졸업자 중 약 40%는 군 입대를 합니다. 군인이나 제대군 인들이 사회적으로 우선 대우를 받고 대학 진학에 있어서도 혜택이 있기 때문에 군 입대 지망률이 높은 편입니다. 3년 이상 모범적으로 군 복무를 할 경우에는 대학 특례 편·입학 등의 추천을 받게 해줍니다. 매년 4월이면 군 신병 모집을 하는데 경제난 이전에는 호위국 5과13)에 선출되는 것을 희망하기도 했답니다.

---

13) 북한 노동당 최고위층 간부의 경비와 신변 보호, 접대 등의 서비스를 담당, 수행하는 인원을 선발하는 부서. 출신성분이 좋은 북한 중학교 졸업생 중 남성은 인물이 준수하고 키가 175㎝이상, 여성은 미모가 뛰어나고 키가 160㎝이상 되는 여성이 합격 선발될 수 있음.

고급중학교 졸업 후 바로 배치를 받으려면...

고급중학교에서 담임교사가 기록해주는 개인에 대한 생활·학업 평정서가 학생의 진로결정 시 중요한 역할을 합니다. 청년동맹위원회 조직이동증, 군사이동증, 식량정지증명서 등의 서류를 졸업 3개월 전에 시·군·구역 인민위원회 노동과에 제출하면 노동과에서는 노동행정계획과 산업현장의 인력수급 현황에 따라 졸업생들을 직장에 배치해 줍니다. 북한의 여러 직업군 중에서 '농업'만이 법적으로 대물림 되고 있습니다. 대표적인 직업은 표와 같습니다.

〈표4〉 북한의 대표적인 직업

사무원직	당·정권·행정관리, 과학자, 교수 및 교원, 의사, 기자, 예술가, 경리 등
기술직	기술자, 기능공, 기관사, 선원, 운전수, 요리사 등
노동직	영화배우, 무용수, 체육인, 봉사원, 광부, 공장노동자, 농장원 등

〈참고〉 박금주 (2013). 북한 중등학생의 진로결정에 관한 연구. 석사학위 논문, 북한대학원대학교, 서울.

북한에서는 어떻게 해야
교사가 될 수 있나요?

학업성적 도덕품성과 조직사상생활

북한에서 교사가 되는 과정과 남한에서 교사가 되는 과정은 비슷한 점도 있고 다른 점도 있습니다.

북한에서는 중등교육을 완료하고 교원대학 및 사범대학에 입학하기 위해서는 입학 추천을 받아야 하는데 입학 추천에서는 학업성적과 도덕품성 및 조직사상생활이 중요하게 반영됩니다. 학생들의 도덕품성과 조직사상생활에 대한 평가는 주로 청년동맹[14] 활동을 기초로 이루어지는데, 북한에서는 1947년부터 중등학교 졸업생의 상급학교 진학에 청년동맹 활동을 반영하도록 하고 있습니다.[15]

---

[14] 정확한 명칭은 '김일성-김정일주의청년동맹'으로 줄여서 청년동맹, 청년당 등으로 불린다. 이름에 '청년'이 들어가는 데서 알 수 있듯 가입 대상은 조선로동당 당원이 아닌 만 14세부터 30세까지의 공민들이며, 의무 가입이다.(출처: 나무위키)
[15] 김정원 외 (2014), 남북한 교사 역할 비교 분석 연구, 한국교육개발원, p.110.

〈표5〉 북한 교원대학의 교과목16)

과 목 명	
김일성 혁명역사	음악
김일성 로작	미술
(현행당정책 포함)	체육
김정일 혁명역사	(탁구,체조,수영,배구,축구,농구 등)
김정일 로작	김일성 어린시절 교수법
교육학	김정일 어린시절 교수법
심리학	음악 교수법
철학	우리말 교수법
외국어(영어, 로어)	셈세기 교수법
국문강독(5대 혁명가극 분석)	무용(유치원 노래와 춤동작)
문화어(우리말 문법)	여학생 실습(음식요리, 봉제)
수학	사로청, 소년단
물리	군사훈련(야외훈련 및 실내병기학)
화학	교육실습

북한에서는 남한의 교대 및 사범대생들이 배우는 과목을 비슷하게 배우지만 이외에도 혁명사상교육을 받고 있습니다.

또한 대학을 졸업할 때 국가졸업시험과 졸업논문이 필요하며, 졸업시험과 논문 심사를 통과하면 교원자격증을 받고 국가의 배치기준에 따라 임용·배치됩니다. 즉, 대학교를 졸업하기 위해서는 졸업시험이 필요하지만 신규 교사 자격 부여는 별도의 시험 절차가 없이 무시험검정으로 주어지며, 북한 교육행정의 중앙기관인 정무원 교육위원회 인증으로 주어집니다.17)

---

16) 백종억·유위준(2002), 탈북 교수 김명신 면담 녹취록, 미발간, p.82에서 재인용
17) 김정원 외 (2014), 남북한 교사 역할 비교 분석 연구, 한국교육개발원, p.150.

남한과 북한의 교사 급수 제도는 어떻게 다른가요?

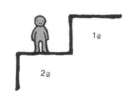

남한의 교사 급수 제도

북한의 교사 급수 제도

남한의 교사 급수는 1급과 2급

우리나라는 교육대학교나 사범대학교를 졸업하면 2급 정교사의 자격을 갖게 됩니다. 그리고 임용을 받은 후 시도 교육청의 상황에 따라 짧게는 3년, 많게는 5년 정도가 지나면 2급 정교사 연수를 받을 수 있는 기회가 주어지는데 보통 방학 기간에 3~4주 동안 이루어지는 이 연수를 이수하고 나면 1급 정교사 자격증을 부여받습니다. 그리고 그 이후에는 교사 개개인의 노력과 관심에 따라 연찬의 기회가 주어질 뿐 또 다른 급수가 존재하지는 않습니다.

북한의 교사 급수제는 7급

북한의 중등교원은 5급 교원부터 인민교원까지 7개의 단계가 나뉘어져 있어 교사들은 방학 동안에도 꾸준히 연수에 참가하여 다음 급수에 도전해야 합니다. 한만길 외(1998: 246-247)에 따르면, 북한에서는 5단계의 자격 체계에서 급수를 올리기 위해 5년 단위로 급수 판정 시험제도를 두고 있습니다. 그 시험에 합격하면 교사 자격의 급수와 급수에 따른 봉급이 올라가지만, 시험에 3회 연속 불합격하면 교사 자격이 취소되거나 자격 급수가 떨어지는 방식으로 자격 체계에 대한 관리 노력을 하고 있습니다.18)

〈표6〉 북한 중등교사 자격 급수와 보수 체계(1996년 이후)19)

급 수		출신학교	월급(북한 돈) 등
인민교원			국기훈장 1급(로력영웅 칭호와 함께)
공훈교원			국기훈장 1급 · 2급 · 3급 · 노력훈장
자격 교원	1급 교원		135원~140원(130원~150원)
	2급 교원		130원~135원(11원~130원)
	3급 교원	사범대학	125원~130원(90원~110원)
4급 교원		교원대학	121원~125원
5급 교원		비 사범대학, 비 교원대학	105원120원

---

18) 김정원 외 (2014), 남북한 교사 역할 비교 분석 연구, 한국교육개발원, p.148-149.
19) 한만길(1998 : 245). 〈표 X-1〉

3. 미영씨 이야기

"저는 등대 카드를 골랐어요.
지금은 어두운 바다처럼 보이지만
작은 불빛을 따라가다 보면
꿈꾸던 곳에 도착해 있겠지요?"

진짜 꽃

남한에 도착한 때는 따스한 봄이었어요. 그땐 거리에 흐드러진 벚꽃이 탈북자를 환영하기 위한 종이꽃인 줄 알았어요. 그런데 만져보니 진짜 꽃이더라고요. 집 마당도 아닌 길거리에 왜 꽃을 심어 놨나 의아했었죠.

남한에 온 지는 5년 정도 되었지만 북한을 나온 건 10년쯤 전이에요. 한 번 잡혀서 북한에 다시 들어갔다가 나오기도 했고 중국에 머문 기간도 길었어요.

먼 길을 돌아서 온 이곳에서의 삶이 꽃처럼 화사했으면 좋겠어요. 흩날려 떨어지는 모습조차 예쁜 진짜 벚꽃처럼 말이에요.

안개 하나. 교사의 삶

미영씨는 강계교원대를 졸업해 소학교와 중학교가 함께 있는 병설학교에서 근무했다. 북한의 병설학교는 소학교와 중학교 간 교사 이동이 가능해, 미영씨는 오전에는 소학교 수업을 하고 오후에는 중학교 1~3학년 수학을 가르쳤다. 발령 몇 해 뒤에는 수업 참관을 오신 교장선생님으로부터 높은 평점을 받아 중학교 4~6학년(남한의 고등학교 1~3학년) 수학도 가르치게 되면서 방학동안 사범대학 수학교사 자격증도 땄다.

미영씨가 근무한 학교에서는 다음 주에 수업할 교수안에 대해 매주 분과장과 교무과(교장, 교감, 사로청 지도원)의 결재를 받았다. 불시에 와서 수업을 참관하는 분과장과 교무과 선생님을 의식하며 결재 받은 교수안대로 수업을 했고, 매주 생활총화를 통해 수업을 반성하며 자아비판도 했다.

미영씨는 노동당에 입당하기 위해 열과 성을 다해 아이들을 가르쳤다. 글자를 모르는 학생은 방과 후에 남겨 글자를 깨우칠 때까지 반복해서 가르쳤고, 숙제를 안 한 학생은 밤늦게까지 교실에 붙잡아 앉혀 숙제를 끝내도록 도왔다. 학생들을 모아 기동예술선전대20)를 조직해서 취미에도 없는 음악을 가르쳐 설맞이 공연을 하기도 했다.

---

20) 1961년경 김일성의 지시에 의해 창립된 경제 선동 조직이다. 생산현장에서 예술 공연과 당의 정책 해설 등의 활동을 통해 근로자들을 고무하는 것을 주요 임무로 한다. (한국민족문화대백과)

북한의 학교에는 교장, 교감, 교무부장, 사로청 지도원 같은 직급이 있는데, 당원이 되어야만 승진을 할 수 있었다. 출세도 하고 시집도 잘 가기 위해 입당을 꿈꾸던 미영씨는, 7년을 열정적으로 교직에 머물다가 남들이 부러워할 만한 간부 집으로 시집을 갔다. 하지만 시집을 잘 간 덕에 교직에서 출세하겠다던 꿈은 접어야 했다.

불빛 하나. 교사의 삶

남한에 와서 직장을 몇 번 바꿨어요. 만 개도 넘는 직업을 보며 진로를 고민하던 차에 어느 탈북대안학교 사감 제의를 받았고 남한에서의 첫 번째 직업을 갖게 되었지요. 그런데 아이들을 잘 돌보고자 하는 마음에 입바른 소리만 하다 보니 관리자의 미움을 샀는지 근무한 지 1년도 못되어 그만두라고 하더라고요. (나중에 알고 보니 퇴직금 문제로 사람을 자주 바꾼 자리였어요.)

그 후엔 공사현장에서 화재예방교육을 하는 일을 하게 되었어요. 아는 사람 소개로 운 좋게 들어간 직장이었는데 일당이 9만원이었어요. 이대로만 벌면 남한에서 금방 자리 잡겠다 싶었죠. 그런데 그 일을 시작한 지 딱 5일이 되었을 때, 사감으로 있던 학교의 아이들로부터 전화를 받았어요. 아이들 중 몇 명이 지방에 있는 ○○탈북대안학교로 옮겨갔는데 자기들을 가르쳐 줄 선생님이 없다며 도와달라는 것이에요. 선생님이 한 분 계셨는데, 북한에서 교원대를 졸업했지만 현장에서 가르쳐 본 경험이 없어서인지 아이들을 관리하는 것이 영 힘들었던 모양이에요. 그 선생님이 "나는 못하겠습니다."하며 두 손 두 발 들고 떠나버리니 아이들끼리 선생님 없이 보름을 보내다가 저에게 연락을 한 것이었지요.

○○탈북대안학교는 방과 후 기숙학교로, 일반학교에 속한 탈북 아이들이 방과 후에 같이 먹고 자면서 공부하는 학교에요. "선생님, 우리가 잘 살려고 대한민국에 내려왔는데 우리를 배워줄 선생이 이렇게 없습니까?"하며 도움을 청하는 아이들을 보니 안타까운

마음에 거절할 수가 없더라고요. 그렇게 5일 만에 공사장 강사 일을 그만 두고 ○○학교로 내려왔어요.

○○학교에는 부모님이 탈북 중에 중국에서 낳은 아이들이 많았어요. 한국말은 서툴고 한글은 아예 모르는 상태로 일반학교를 다니다 보니 수업 내용은 못 따라가고 친구 사이에서도 소외되는 것 같더라고요. 의사소통이라도 되도록 한국말부터 빨리 배워줘야 한다는 생각에 마음이 급했지요. 아이들과 함께 먹고 자며 한글도 가르치고 수학도 가르쳤어요. 아이들이 일반학교에 간 시간에는 저의 부족한 부분을 채우기 위해 사이버 대학에서 국어교육과 심리학을 공부했고요. 탈북아이들이 남한 땅에서 떳떳하게 무언가를 해낼 수 있도록 돕는 게 저의 목표이자 긍지예요.

안개 둘. 벽에 부딪히다

간부집안의 시집살이는 고달팠다. 여자가 치맛바람을 날리면 남편을 등한시한다며 시댁에서는 미영씨의 교직생활을 달가워하지 않았다. 시아버지는 며느리에게 수업을 주지 말라고 몰래 교육청에 전화까지 했다. 아들을 출산한 후로는 더했다. 북한은 아이를 낳으면 산전 3개월, 산후 3개월간 휴직이 가능하고 휴직 기간 동안 월급도 100% 지급이 된다. 하지만 미영씨는 휴직을 신청하기도 전에 시댁의 성화에 학교를 그만둬야 했다.

시댁에서는 '내 자식'만 잘 키우길 바랐지만 미영씨는 '내 직업'을 가지고 일을 하고 싶은 마음이 컸다. 아들을 키우면서 교직에 대한 아쉬움에 수학 과외지도를 했다. 하지만 그마저도 시댁에서는 탐탁지 않게 여겼다. 비교적 출퇴근이 자유로운 덕에 시아버지의 허락을 겨우 얻어 사진 찍는 일도 잠시 했다.

아들이 어느 정도 자란 후에는 장마당에 송이버섯을 내다팔았다. 하지만 장사가 불법인 북한에서, '송이 있는 곳은 딸에게도 숨긴다.'는 귀한 송이버섯에 손을 댄 탓에 미영씨는 경찰에 붙잡혀 3년 동안 옥살이를 하게 되었다.

미영씨가 구금된 3년 동안 미영씨의 남편은 새장가를 갔다. 미영씨의 아들은 그 사이 11살이 되었고, 새엄마의 구박에 학교도 못가고 나무를 해서 장마당에 내다 팔며 생계를 도왔다. 새엄마에게는 어린 아들이 한 명 있었는데, 한 번은 나무 판 값에 10원을 더 받아 눈깔사탕 10개를 사서 4개를 먹고 동생에게 6개를 준 일을 새엄마가 알게 되어 혼이 났다. 새엄마는 돈을 함부로 썼다고, 아버지는 10원을 도둑질 했다고 몰아세우며 매질을 했다. 그 일로 미영씨의 아들은 다리가 크게 상했다.

3년 만에 석방된 미영씨에게 현실은 여전히 감옥이었고, 꿈 많던 미영씨는 아들과 함께 탈북을 결심했다.

불빛 둘. 벽에 부딪히다

탈북 아이들을 가르치다보면 제가 없던 3년 동안 서러웠을 아들이 떠올라요. 우리 학교 학부모들은 남한 사회에서 자녀를 어떻게 교육해야 할지 막막한 마음에 아이를 맡겨요. 탈북자도 자녀에 대한 기대가 커요. 자기 자식이 아깝지 않은 부모가 어디 있겠어요? 내 품에 끼고 살고 싶지만 자식 잘 되라는 마음으로 기숙학교에 보내는 것이겠지요. 그래서 저는 선생님이자 훗엄마(새엄마)로서 아이들을 잘 돌봐야겠다고 항상 마음먹어요.

하지만 저도 남한의 교육 분위기에 적응하느라 진통을 겪고 있는 중이에요. 북한에서는 선생님의 말 한마디에 무조건 복종하는 분위기여서 아이들을 가르치기 수월했어요. 하지만 여기서는 조금만 목소리를 높여도 아동학대, 정서학대라고 하니 아이들 다루기가 훨씬 힘들어요. 소학교에서 글자를 모르는 아이에게 회초리를 들면서 가르친 적이 있어요. 그 아이 부모는 우리 애를 때려서라도 배워줘서 감사하다며 제가 결혼할 때 옷도 한 벌 해줬었어요. 북에서는 매를 들고 나서도 아이들이 얼마나 아팠을까 생각해본 적이 없어요. 엄하게 가르치는 것이 당연하다고 생각했지요.

○○탈북대안학교에서 가르치면서 저도 많이 변했어요. 과제를 하기 싫어하는 아이가 있으면 대화도 해보고 과제를 줄여주기도 해요. 한 마디 야단이라도 치고 난 날에는 취침시간 전에 따로 불러 혹시 상처받지는 않았는지 물어보기도 하고요. 가르쳐야 할 것도 많고 다독여야 할 일도 많아서 남한에서 교사를

하는 것이 쉽지는 않네요.

학부모를 대하는 일은 더 힘들어요. 일반학교 수업을 따라가지 못하는 아이들이 안타까워서 보충 수업을 시작했어요. 원래는 아이들이 기숙사비만 내고 있었는데, 보충수업비가 추가되었지요. (보충수업은 필수가 아닌 선택이었고요.) 그 과정에서 몇몇 학부모가 '세상에 이런 학교가 어디 있느냐, 대한민국에 없는 법을 만들어내서 수업비를 받아먹는 너희들은 총살감이다.'며 항의를 했어요. 진심을 다하면 알아줄 것이라고 생각했는데 돈 몇 만원에 저를 돈주머니 터는 사람으로 몰아세우더군요. 당시 제 월급이 겨우 백만 원 조금 넘었어요. 돈을 떠나서 사명감으로 아이들을 가르치고 있었는데……. 보충수업이 시작되자 몇 명의 아이들이 다른 탈북대안학교로 옮겼어요. 그런데 막상 다른 학교에 가보니 우리 학교만큼 아이들을 헤아려주지 않는다는 걸 학부모들도 깨닫고는 '너희 생각이 옳다면 우리가 간다고 할 때 왜 말리지 않았느냐, 그렇게 나쁜 심보로 어떻게 교육을 하느냐.'며 또 생트집을 잡더군요. 정말 힘들었어요.

보충수업을 시작한 후로 아이들의 성적이 눈에 띄게 올랐어요. 중국에서 지내며 제대로 교육받지 못한 아이들인데도 밤늦게까지 보충수업을 하다 보니 80, 90점을 받아오더라고요. 선생님 은총에 감사하다며 아이들이 메시지를 보내오면 힘들었던 시간도 잠시 잊을 정도로 뿌듯해요.

하지만 시련은 끝이 아니었어요. 한 학부모가 저를 아동학대로 신고한 일도 있었어요. 북한에서는 법보다 주먹이 앞서서 주먹다짐

한 번 하고 화해하면 끝나는데 남한에서는 법이 주먹에 앞서니 탈북자 중에 꼬투리 잡아서 쉽게 돈을 벌어보려는 사람도 있더라고요. 신고한 건은 별 일 없이 해결이 되었는데 아이들 학습습관이 어느 정도 잡힐 만하니 난데없는 해고 통보가 왔어요. 이번에도 퇴직금 때문이었겠지요. 대한민국의 근로기준법을 모르는 상태에서 취업을 하다 보니 속절없이 당했던 것 같아요.

남한에 온 지 5년 동안 이리 저리 치이면서 살았어요. 열심히만 하면 될 줄 알았는데……. 남한사회에서 정신 차리고 살려면 배워야할 게 아직 많네요.

물길을 비추는 등대

지금 근무하고 있는 ○○시 탈북대안학교는 남한에서의 세 번째 학교에요. 가르치는 자리에 계속 있을 수 있다는 것에 감사해요. 우리 학교에는 전국 각지에서 온 아이들이 모여 기숙사 생활을 하고 있어요. 저도 아이들과 함께 학교에서 먹고 자느라 집에 못 들어가는 날이 더 많지만 아이들을 끝까지 지켜주고 싶어요.

우리 아이들은 겉으로는 밝아 보여도 속에는 슬픔이 가득 차 있어요. 어린 나이에 부모님과 떨어져서 기숙사 생활을 하는 것도, 남한의 학교에서 뒤처지지 않게 따라가는 것도 아이들에겐 날마다 생존이 달린 도전이에요. 중국에서 1000명 중 전교 6등 하던 아이도 남한 학교에서는 왕따를 당하더라고요. 하지만 저는 아이들이 밖에서 울고 오면 오히려 혼내요. 웃으면서 강하게 자라라고요. 혹시나 남한 아이가 괴롭히면 우리 학교로 한 번 데리고 오라고 해요. 너희는 부모와 함께 지내지만 우리 아이들은 부모와 떨어져서 힘들어도 꿋꿋이 생활한다는 얘기를 해주면 괴롭히던 아이도 눈물을 흘리며 듣고는 다음부터 괴롭히지 않더라고요.

얼마 전에 탈북 중학생을 대상으로 특강을 한 적이 있어요. 아이들에게 너희 부모님은 탈북 하느라 이미 많은 것을 바쳤다, 남한 사회에서 성공하기에는 나이도 많고 제한도 많다, 너희가 부모님 몫까지 성공해야 한다는 이야기를 했지요. 아이들이 강의를 듣고는 펑펑 울었어요. 열심히 살아야겠다며, 날마다 지각하던 아이도 다음날부터는 일찍 오더라고요.

한 번은 어느 초등학교에서 7시간짜리 통일 수업을 했어요. 북한에서는 통일교육이란 것이 전혀 없고 지도층이나 전쟁을 겪은 사람들이 통일을 생각하지 인민들은 통일에 대해 별 생각이 없는 경우가 대부분이에요. 그런 제가 남한 아이들 앞에서 통일 관련 수업을 한다는 것이 부끄러웠어요. 하지만 저와 우리 학교 아이들이 통일의 문을 여는데 작은 보탬이라도 되지 않을까 생각하며 열심히 준비해서 수업했어요.

가끔 우리 학교에 봉사활동을 하러 오는 청년들이 있는데 북한에서는 봉사에 대한 개념이 없어서인지 남을 위해 시간과 에너지를 쓴다는 게 놀랍고 멋진 일이라는 생각이 들었어요. 그래서 우리 아이들도 독거 어르신을 도와 연탄 나르기, 김장하기 등 봉사활동을 실천하며 더불어 사는 삶을 배워가고 있어요. 우리 아이들이 어려운 환경 속에서도 잘 성장해서 이 나라를 위해 당당히 한 몫을 하는 구성원으로 자랐으면 좋겠어요. 국내에서 뿐 아이라 해외에서도 경쟁력 있는 아이로 기르기 위해 중학교 3학년부터는 해외 유학 프로그램도 구상 중이에요. 우리 아이들을 봉사정신과 국제 감각을 가진 멋진 통일 인재로 키우고 싶어요.

지금 아이들 개인이 기숙사비로 부담하고 있는 비용은 사실 밥값도 안 되는 금액이에요. 아이들을 먹이고 재우고 가르치고 체험활동도 하려면 훨씬 많은 재정이 필요하지요. 북한에서는 정부가 먼저 시설을 만든 다음에 재정을 지원하고 운영할 사람을 세우는데, 남한에서는 일단 민간에서 시작하고 어느 정도 안정적으로 운영이 되면 정부에서 지원을 해주는 시스템인 것 같아요. 우리 학교도 정부의 지원 없이 시작해서 지금까지 이끌어가며 걸음걸음 많은 어려움이 있었어요. 그러나 온정의 손길을 보내주시는 여러 통일 단체 및 개인과 함께 어려움이 있을 때마다 억척같이 극복하여 지금은 사랑받는 학교로 성장하고 있어요. (저희 이사장님께서도 정년퇴직 후에 탈북학생들의 이야기를 들으시고는 다시 손에 일을 잡고 매달 100만원의 후원금으로 아이들을 돕고 계세요. 복 받은 학교이지요.)

우리 아이들이 그동안 겪은 어려움을 풀어놓자면 책으로 한 권을 가득 채워도 부족할 것 같아요. 고생 끝에 남한에 와서도 그리운 가족 곁을 떠나 집단생활을 해야지, 남한 사회에 적응은 커녕 의사소통조차 어렵지, 경제적인 어려움까지……. 하지만 아이들의 아픔도 우리 학교에서 생활하며 하루하루 미래의 꿈으로 변하는 모습이 보여요.

온 대한민국이 한마음 한뜻으로 탈북대안학교와 탈북학생들에게 관심을 가져주면 좋겠어요. 관심과 지원 속에서 우리 아이들이 이 사회의 훌륭한 인재로 성장할 것을 확신해요. 그런 날이 올 때까지 저는 물길을 비추는 등대처럼 우리 아이들의 앞길을 환하게 비춰주고 싶어요.

빨간 머플러를 멘 소년단

조선소년단이란

흰색 상의와 빨간 머플러가 상징인 조선소년단은 만 7세(소학교 2학년)부터 13세까지의 소년·소녀들을 대상으로 소학교와 초급중학교에 조직되어 있는 혁명 조직입니다. '공산주의 후비대가 되기 위해 항상 배우며 투쟁하자'는 구호를 내걸고, 소년·소녀들을 노동당과 김일성·김정일의 명령과 지시에 무조건적으로 복종하는 혁명투사로 양성하는 것을 목표로 하고 있습니다. 주로 사상학습과 그와 관련된 실천 활동을 하는데, 사상학습은 '김일성 어린 시절 따라 배우기', '김일성 노작 읽기', '현 시기 당정책 설명' 등이며 실천 활동은 당 정책의 선전선동 활동, 답사, 국방체육, 노력지원 등이 있습니다.

조선소년단의 권리와 의무

첫째, 소년단원은 소년단조직에서 조직한 모든 회의에 참가할 수 있으며 자기의 의견과 요구를 소년단조직에 제기할 수 있다.

둘째, 소년단원은 소년단 열성자 선출에서 선거 받을 수도 있고 선거할 수 있다.

셋째, 소년단원은 동무들에 대한 결함에 대해서 어느 때나 비판할 수 있다.

첫째, 소년단원은 위대한 수령 김일성대원수님과 경애하는 김정일동지의 혁명사상으로 튼튼히 무장하여야 한다.

둘째, 소년단원은 위대한 수령 김일성대원수님과 당에 끝없이 충실하며 대원수님과 당을 튼튼히 보위하여야 한다.

셋째, 소년단원은 조선로동당의 영광스러운 혁명전통으로 무장하며 그것을 견결히 옹호 보위해나가야 한다.

넷째, 소년단원은 미일제국주의와 온갖 계급적 원쑤들을 끝없이 미워하며 나라와 사회주의 제도를 사랑하고 빛내기 위해 투쟁 하여야 한다.

다섯째, 소년단원들은 소년단조직을 사랑하고 귀중히 여기며 조직생활 어김없이 언제나 성실히 참가 하여야 한다.

여섯째, 소년단원은 학습을 열심히 하여 최우등생이 되어야 한다.

일곱째, 소년단원은 언제나 아름다운 사회주의 도덕품성을 지녀야 한다.

여덟째, 소년단원은 몸을 튼튼히 단련하여 로동과 국방에 믿음직하게 준비하여야 한다.

아홉째, 소년단원은 사회주의 정치활동에 적극 참가하여 노동을 사랑하는 마음을 가지며 나라와 인민을 위해 투쟁하여야 한다.

열 째, 소년단원은 조국통일을 앞당기기 위해 투쟁해야 한다.

조선소년단의 입단 선언문

나는 자애로운 할아버지 김일성대원수님께서 세워주시고 경애하는 아버지 김정일 원수님께서 빛내어 주시는 영광스러운 조선소년단에 입단 하면서 언제 어디서나 대원수님과 지도자 선생님의 가르치심대로 생각하고 행동하며 주체의 혁명 위업을 빛내어 나가는 사회주의 건설의 믿음직한 후비대로 억세게 자라날 것을 소년단 조직 앞에 굳게 맹세합니다.

조선소년단에서 배우는 조직생활 지도자란...

첫째, 학생들에게 혁명적 조직관을 세우는 것이다. 조직을 자기의 생명보다 더 귀중히 여기고 조직의 지도와 통제 밑에 사업하고 생활하는 것을 습성화하게 한다.

둘째, 조직생활에서 비판을 강화하도록 하는 것이다.

셋째, 조직생활은 학생의 기본혁명과업 목적인 공부를 잘하는 것과 조직규율, 정규학습, 분공, 생활총화 등을 잘하는 것이다.

넷째, 핵심역량 역할을 높이는 것이다.

<참고> 최영실 (2010). 북한의 조선소년단 조직생활에 관한 연구. 석사학위논문, 이화여자대학교, 서울.

북한 학생들은
방과후에 무엇을 하나요?

북한은 학교 교과과정의 습득 이외에도 노동과 선전을 강조하며 학생들에게 방과후활동을 통해 노동에 대한 참여와 예능 분야에 대한 교육을 강조하고 있습니다. 이를 "소조활동"이라고 합니다. 예를 들어, 소조활동의 대표적인 예인 소년단, 김일성사회주의청년동생은 방과후활동을 통한 조직생활 독려를 목적으로 하며, 여기에 참여하는 것을 큰 영예이자 신성한 의무로 여깁니다.

여러 소조활동 중에서 학생들에게 가장 많은 시간과 부담을 안기는 것은 노동활동입니다. 북한의 무상의무교육은 재원의 부족으로 많은 부분이 노동의 일부로 학생들에게 부담시키고 있습니다. 소학교 학생의 경우 농장에 나가 일손을 돕기도 하며, 초급중학생과 고급중학생 1학년의 경우에는 농번기에 연간 4주, 고급중학생 2~3학년생들은 10주 동안이나 농사지원이나 건설현장에 노력봉사를 나가야 합니다. 선생님들도 이러한 갖가지 노동 현장에 동원되기도 합니다.

〈표7〉 학교별 소조활동의 종류 현황(전일구, 2018, p.40)

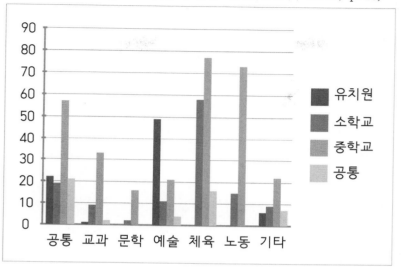

　〈표1〉은 학교별 소조활동의 종류 현황입니다. 유치원은 주로 예술 활동이 주를 이루고, 소학교는 체육 비중이 높습니다. 중학교는 체육과 노동에 대한 비율이 높을 뿐 아니라, 교과의 비중이 유치원과 소학교보다 상대적으로 높아진 것을 볼 수 있습니다. 이는 중학교에서부터는 대학 입시를 위한 본격적인 활동이 소조활동에도 영향을 미치는 것을 유추할 수 있습니다.

〈참고〉 전일구 (2018). 북한 학교의 방과후활동 연구. 석사학위논문, 연세대학교, 서울.

북한에도 사교육이 있을까요?

북한에도 최근 사교육 바람이 불고 있습니다. 북한의 고위급 간부나 돈을 잘 벌고 있는 외화벌이 일꾼, 또는 장마당의 장사꾼들은 자신의 자녀에게 영어를 비롯하여 외국어, 음악, 컴퓨터 등을 사교육으로 가르치고 있습니다.

북한에서 실력 있는 교사는 대부분 이런 사교육을 통해 학생이 우수한 성적을 내도록 해주고 있고 이를 통해 돈도 많이 벌고 있습니다. 그러나 북한 당국에서 사교육 즉 개인교습을 없애기 위해 엄격한 단속을 단행하고 있습니다.

우리나라에서 일류 대학에 가기 위해 입시 전쟁을 치루는 것처럼, 북한에서도 모두가 김일성 종합대학에 들어가고 싶어 하지만 출신 성분에 따라 대부분 진학 자체를 꿈꾸기 힘든 것이 현실입니다. 따라서 김일성 종합대학을 비롯한 북한 대학에서 공부하는 북한 학생 대부분은 고위 간부급 자녀가 대부분이고 이런 고위급 자녀 역시 사교육을 받고 있습니다.

뿐만 아니라 최근 북한대학에서도 부정부패가 심해져서 돈만 있으면 입학도 가능하고 가을전투와 같은 노동에 동원되지 않을 수 있습니다.

〈참고자료: 자유 아시아 방송 2014. 02. 06. 뉴스〉

탈북 학생을 위한 대안학교 시설

일반학교에 다니는 북한이탈청소년들은 남북한의 교육차이, 연령, 장기간의 제3국 생활, 언어, 입시위주의 경쟁체제 등 다양한 원인으로 부적응하는 사례들이 많습니다. 그래서 많은 학생들이 학교를 중간에 포기하고 검정고시를 보거나 대안학교, 그룹홈, 야학, 공부방 등에서 다시 공부를 하기도 합니다. 탈북 학생들을 위한 대안교육시설의 범위와 유형구분은 논쟁의 여지가 많이 있으나 논문(박길태, 2011)을 참고하여 대안교육시설 현황을 정리하면 다음과 같습니다.

<표8> 대안교육시설 현황

구분	단체명	소재지	비고
대안 학교	여명학교	서울 중구	학력인정
	드림학교	충남 천안시	
	하늘꿈학교	경기도 성남시	학력인정
	셋넷학교	강원도 원주시	
	셋넷학교	서울 영등포구	
	한꿈학교	경기도 의정부시	
	삼흥학교	서울 구로구	8~14세 대상
	우리들학교	서울 관악구	"전일제 대안학교" 및 정규 중고등학교에 재학중인 탈북학생들을 위한 "방과후 공부방" 운영
	한민족학교	서울 양천구	초등대안학교
	한울글로벌 비전스쿨	경기도 남양주시	
	한겨례중고등학교	경기도 안성시	정규학교
	두리하나국제학교	서울 서초구	위탁형 대안학교
	다음학교	서울 서초구	
	새일아카데미	서울 동작구	

구분	단체명	소재지	비고
그룹홈	가족	서울 성북구	
	영원한 도움의 집	서울 동대문구	
	우리집	경기도 안산시	
	우리하나	서울 서초구	
	복자 여명의 집	서울 용산구	10~20초반 여성들의 생활 공동체
	한우리 공동체	경기도 포천시	
	꿈사리 공동체	서울 영등포구	
방과후 공부방	공릉종합사회복지관 (무지개 학교)	서울 노원구	
	한빛종합사회복지관	서울 양천구	
	가양6종합 사회복지관	서울 강서구	
	한누리학교 지역아동센터	서울 양천구	
	성공적인 통일을 만들어가는 사람들	서울 양천구	
	한국청년정책연구원	서울 성동구	
	한터학교	서울 용산구	
	자유터학교	서울 동작구	
	아라종합사회복지관	제주도 제주시	

대안교육시설 중 북한이탈청소년들이 가장 많이 교육을 받는 곳은 바로 대안학교입니다. 대안학교는 독립적 교육시설과 교육과정, 교사를 갖춘 곳입니다. 북한이탈청소년 전체의 약 45%가 여명학교, 셋넷학교, 한꿈학교, 하늘꿈학교 등의 대안학교에서 다양한 적응 프로그램을 제공받고 있습니다. 모든 대안학교는 통학이 가능하나, 무연고나 보호가 필요한 북한이탈청소년들을 위해 기숙사를 운영하고 있습니다.

또한 많은 북한이탈청소년들이 방과후 공부방에서 교육을 받고 있습니다. 방과후 공부방은 외부의 지원이 극히 적기 때문에 규모나 내용에 있어서 제한적입니다. 그룹홈은 학생들이 한 가정에서 함께 거주하면서 인근 초·중·고등학교에 재학하는 형태를 말합니다. 그 외에도 그룹홈과 방과후 공부방이 합쳐진 형태로 북한이탈청소년들이 함께 거주하며 인근 학교를 다니고, 방과후에는 학습과 특기적성 및 다양한 프로그램을 하는 교육시설들이 있습니다. 그러나 대부분 이러한 시설들이 인가를 받은 곳이 아니라 교회나 단체의 후원을 받아 소규모로 이루어지고 있기 때문에 통계를 내는 것에는 어려움이 있습니다.

<참고> 박길태 (2011). 북한이탈청소년 대안학교의 운영특성 및 발전방안 연구. 석사학위논문, 원광대학교, 전라북도.

[에필로그]

왜 교사 출신 탈북자에 대한 이야기를 하려는 것인가?

남북한 아이들이 함께 배우고 꿈꿀 날을 그리며 〈하나배움〉이라는 소모임으로 4~10명의 초등 교사들이 8년째 모이고 있다. 우리는 이 책을 위해 함께 인터뷰를 하고 자료를 정리하고 글을 썼다.

처음 이선영 선생님, 김지선 선생님, 박미영 선생님을 만난 것은 북한의 교사생활에 대한 궁금증 때문이었다. 그런데 이 분들의 이야기를 들여다볼수록 북한에서 꽤 괜찮은 지위인 '교사'였다가 사회배려자인 '탈북자'가 된 세 분의 삶에 마음이 흔들렸다.

우리는 〈하나배움〉에서 탈북학생 멘토링, NK 아카데미 등으로 이래저래 탈북자들을 만나왔다. 대부분 우리의 도움이 필요한 사람들이었다. 우리는 탈북자들을 돕고 싶었다.

이제는 단지 돕고 싶었던 그들에게 배우며, 세 분의 선생님을 열정과 도전정신과 의지를 지닌 '참 멋진 사람'으로 소개하고 싶다.

백지은 선생님

우리는 〈교사선교회〉라는 단체 내의 〈하나배움〉이라는 북한교
육선교 모임이다. 고작 4~5명의 초등교사들이 모여서 통일을 위해
무언가라도 준비해보겠다며 모임을 시작한지 벌써 8년째. 시작은
이 책의 공동 저자이기도 한, 북한을 품고 학교에 사표를 던지고
중국 땅으로 향했던 김원미 선생님이 잠깐 한국으로 돌아왔을 때
주변의 통일 관심자들을 모으면서부터였다.

우리는 2011년 김원미 선생님의 인솔로 북한과 인접한 중국의
접경 지역을 돌면서 막연하게만 생각해왔던 북한과 통일에 대해
더 실제적으로 고민하게 되었다. 작은 개울 하나만 건너면 금방이
라도 닿을 것 같은 북한 땅이 우리 두 눈앞에 바로 있었고, 이제
는 중국으로 넘어가버린 절반의 백두산을 두 발로 오르며 천지에
서 통일이 될 그 날을 벅찬 마음으로 꿈꿔보기도 했다.

그 후로 한 달에 두 번씩 모여 8년간 북한 관련 책도 읽고, 북
한의 교육에 관한 논문을 찾아보기도 하며 우리가 통일을 위해 무
엇을 할 수 있을지 고민하는 시간이 계속 되었다. 그러나 통일은
너무나 막연하기만 했다. 통일이 되지 않은 시점에서 당장에 적용
할 수 있는 것이 없다보니 무언가를 붙잡고 연구하는 것에도 한계
가 있었다. 통일 이후를 위한 교육을 준비해야 할지, 아니면 당장

우리 곁에 찾아와 있는 탈북자들을 위한 무언가를 해야 할지 확실한 방향을 잡지 못한 채 이 곳 저 곳을 기웃거리기를 몇 년.

그러던 중 한국교육개발원에서 주관하는 NK 아카데미를 통해 북한에서 교사를 하다 남한에 오게 된 선생님들을 만나게 될 기회가 생겼다. 그리고 그 만남이 이번 '남북한 교사가 함께 준비하는 통일' 프로젝트로 이어졌다. 북한 교사와 남한 교사가 한 자리에 모여 '교육'에 대한 이야기를 해보는 것 자체로도 큰 의미가 있을 것 같았다. 꼭 거대한 담론이 아니어도 남북한 학교의 소소한 일상들을 들어보고 공유하는 것만으로도 좋을 것 같았다.

그러나 생각만큼 프로젝트 진행 자체가 쉽지 않았다. 남한 선생님들과 달리 북한 선생님들은 남한에서의 새로운 삶에 적응하느라 각자의 위치에서 고군분투 하느라 바빠 한 자리에 모이기가 쉽지 않았다. 살고 있는 지역이 전국 각지로 뿔뿔이 흩어져 있는 이유도 있었지만 어렵게 약속 시간을 잡아도 별다른 양해 없이 약속 장소에 오지 않는 일들이 종종 있었다. 처음에는 약속에 대해 무책임한 듯 보이는 모습에 당황스러웠고 이해하기 어려웠지만 시간이 흐를수록 '그들의 삶'이 이해되기 시작했다. 당의 명령에 의해 움직이던 북한 사회에서는 애초에 무언가 자발적으로 약속을 정해 그 약속에 책임지는 것 자체가 생소한 일이었다. 그들이 불성실한 것이 아니라 문화 자체가 다른 것이었다.

아마도 막상 통일이 되고 나면 사람들이 가장 크게 겪게 될 갈등은 경제 격차나 정치적 견해 차이가 아니라 이런 일상에서 부딪치는 소소한 차이점일 것이다.

그러나 사실 이 땅에 내려와 있는 북한 주민들은 우리가 그들을 이해하려고 노력하는 것 보다 수십 배, 수백 배로 우리를 이해하기 위해 온 힘을 다해 애쓰고 있을 것이다. 어쩌면 지금 당장 통일을 위해 우리가 할 수 있는 것이 이런 것이 아닐까 싶다. 나와 다른 배경에서 살아온 그들에게 우리식대로 맞추기를 바라는 것이 아니라, 우리 역시 그들을 이해하기 위해 온 힘을 다해 애써보기로 하는 것. 그리고 이 책이 북한에서 내려온 '그들의 삶'을 이해하는데 조금이라도 도움이 되었으면 좋겠다.

　그래서 올해 4월 남북 정상이 서로 손을 맞잡던 그 순간, 교실에서 반 아이들과 함께 환호하며 느꼈던 통일에 대한 소망과 감격이 하루 빨리 이 땅 가운데 이루어지는 날이 왔으면 좋겠다.

김지혜 선생님

2017년 10월 11일 하나배움 모임에 처음 참석하게 되었다. 모두 개인적인 친분이 있는 선생님들이기 때문에 그들이 수 년 전부터 북한 선교에 관심을 갖고 모이고 있는 것을 알고 있었다. 그러나 내가 그 모임에 함께하는 것이 쉬운 일은 아니었다. 오랫동안 꾸준히 모이고 있는 모임에 뒤늦게 들어가는 것이 부담스러웠다. 가끔 생각날 때 통일을 위해 기도하는 정도였을 뿐, 구체적인 북한 선교에 대한 비전을 가지고 있거나 열정이 있지도 않았기 때문에 모임에 함께 하는 것을 주저하고 있었다. 그러다 뒤늦게 마지막 멤버로 프로젝트X에 참여하였다.

프로젝트X를 시작할 때는 연구의 방향이 지금과는 차이가 있었다. 통일 교육을 주제로 북한 교사와 남한의 교사가 함께 통일교육 자료를 개발하거나, 수업지도안을 작성해보는 등의 나름 거창한 교육활동을 계획했었다. 그러나 실제로 북한 선생님들을 만나면서 처음의 계획이 이루어지기 어렵다는 것을 깨달았고, 연구의 방향을 고민할 수밖에 없었다. 계속된 나눔과 고민 끝에, 나처럼 대부분의 남한 선생님들이 북한과 북한의 교육실상에 대해서 알고 있는 지식이 별로 없기 때문에, 북한 선생님들이 일상과 교육에 대한 소소한 이야기들을 나누는 것만으로도 의미 있는 프로젝트가 될 것이라는 결론을 내렸다. 북한 선생님들과 만나서 '교육'이라는 주제로 이야기를 나누는 것 자체가 통일을 준비하는 중요한 과정이라는 생각을 했다.

프로젝트 기간 동안 북한 교육과 관련된 도서와 논문들을 찾아서 정리하고, 북한 선생님들과 만나서 여러 가지 이야기를 들었다. 처음에는 그저 자료를 수집하기 위한 만남으로 시작했던 부분도 있다. 그들과 우리의 차이를 인정하기보다는 우리 기준에 맞추어 비교하기도 했다. 하지만 점점 시간이 지날수록 북한의 교육 뿐 아니라, 각 선생님들의 이야기에 집중할 수밖에 없었고 그들과 우리의 차이를 인정하게 되었다.

우리가 쓴 이야기가 단순히 북한의 교육현실을 남한의 교육과 비교하는 이야기로 끝나지 않길 바란다. 이 이야기는 북한 선생님들이 그들의 꿈과 가능성, 안락한 생활을 뒤로하고 남한으로 오게 된 각자의 사연, 탈북 과정에서 겪었던 상처와 남한 사회에 적응하면서 겪었던 어려움, 그리고 회복과 기대에 대한 이야기이다. 그들의 경험과 생각을 공유하면서 그들과 우리의 차이를 있는 그대로 인정하고 기독교사인 우리가 어떤 마음으로 통일을 준비할 수 있는지 고민해 보는 책이 되었으면 한다.

부끄럽지만 북한에 대한 지식도, 통일과 북한 선교에 대한 뜨거움도 없이 이 프로젝트를 시작했었다. 비록 기도함으로 시작하지 못했지만, 하나님께서는 그 과정 가운데서 기도하게 하셨고 꿈꾸게 하셨다. 오랫동안 머뭇거리던 나를 움직이게 하심으로 통일과 통일 후 교육에 대한 소망을 품게 하신 하나님께 감사드린다. 그리고 남과 북이 함께 기도하며 교육하는 그 날을 기대한다.

김진실 선생님

북한이나 통일에는 관심이 없었던 내가 북한에 관심을 갖게 된 것은 2001년. 대학교 1학년 때 어느 예배에서 북한과 북한에 살고 있는 주민들을 생각하며 뜨거운 눈물을 흘렸고 누군가가 그 땅에 가서 가르치는 일을 해야 한다면 내가 가고 싶다는 마음이 들었다. 그 후로 한 선교단체를 통해 북한에 관련된 소식을 꾸준히 접하게 되었고 북한을 위해서 기도하는 날도, 눈물 흘리는 날도 많아졌다.

그로부터 8년 후 지금도 모임을 같이하고 있는 김원미 선생님 덕분에 북한에 대한 사랑의 마음과 통일을 준비하는 데에 어떻게든 도움이 되고자 하는 마음을 가지고 있는 교사, 예비교사가 함께 모여 정기 모임을 갖기 시작하였다. 때로는 북한을 위해서 함께 기도하고 때로는 북한에 대한 책을 읽기도 하며 우리가 할 수 있는 나름의 방법들을 찾아 북한을 알리고 노력했고 교사로서, 특별히 기독교사로서 무엇을 준비할 수 있을지 연구하기 시작했다. 물론 연구라고 이름을 붙이기에는 소소한 일들이었지만.

시간이 지날수록 책상에 앉아서 준비하는 것보다 실제로 탈북학생들을 만나고 탈북교사를 만나서 현실이 어떤지를 듣고 직접적인 필요가 무엇인지 알아갈 수 있는 기회가 많아졌다.

또 다른 한편으로 주변에 있는 선생님들이나 친구들이 생각보다 북한의 교육, 북한의 학교, 북한의 학생과 교사를 잘 모르고 있다는 것도 알게 되었다. 그래서 이번 프로젝트X를 통해서 우리가 알고 있는 북한의 교육, 우리가 만난 북한 선생님들을 소개하게 되었다.

일 년이 넘는 시간 동안 탈북선생님들을 만나고 인터뷰하면서 많이 울고 웃었다. '사람이 온다는 건 실은 어마어마한 일'이라고 정현종님이 시에서 말했듯 남한으로 내려온 탈북선생님들의 삶을 나누자면 이 책 한권은 부족할 듯하다. 그러나 현재 북한에 남아 있는 가족들의 안전을 생각하고, 남한에서 정착하는 데에 불편을 주지 않는 범위 내에서 글을 쓰자니 인터뷰한 내용에 비해서 공개할 수 있는 부분은 많지 않았고 완성된 글의 여러 부분을 빼거나 수정하게 되었다. 그런 과정에서 개인적인 삶의 맥락이 생략되었기 때문에 때로는 독자들 안에 질문이 생기거나 공감이 되지 않을 수도 있겠다는 생각이 든다. 이것 또한 남한과 북한이 갈라져 있기에 겪게 되는 우리의 현실일 것이다.

이 프로젝트를 통해 나에게 가장 큰 울림이 되었던 것은 우리가 만난 선생님들이 하나같이 '대표성'을 가지고 남한생활을 한다는 것이다. 자신들이 하는 말, 행동 하나하나가 남한 사람들로 하여금 '북한은 저렇구나, 탈북한 사람은 이렇구나.'라고 평가하는 근거가 되기에 말 하나, 행동 하나를 하더라도 한 번 더 생각하며 신중하게 살고 있는 모습을 보게 되었다. 때로는 그 무게감이 전해져 내 마음이 먹먹해지기도 했고 탈북선생님들의 이런 마음에도 불구하고 편견을 가지고 탈북자들을 대하는 남한 사람들의 이야기를 들을 때는 속에서 뜨거운 것이 올라오기도 했다.

'나는 어떤가? 나는 어떻게 살아야 할까?' 탈북선생님들을 만나면서 스스로에게 가장 많이 했던 질문이다. 탈북선생님들이 '대표성'을 가지고 이 땅에서 살아가듯이 나 또한 '대표성'을 가지고 살고 싶어졌다. 북한과 통일을 위해 기도하고 있는 사람으로서, 북한에 대해 조금이라도 공부(?)하고 있는 사람으로서, 북한을 떠나온 사람들을 만나고 있는 사람으로서... 나에게 대표 자격은 없지만 남한을 대표하여 그들을 편견 없이 대하고, 더 관심을 가지고 이야기를 들어주며 잘 살아왔다고 한 명 한명을 환대하고 싶다. 그래서 나를 만나는 탈북자들이 '남한은 이렇구나, 남한사람은 이렇구나.' 라고 조금이라도 더 따뜻하게 생각할 수 있기를 바란다. 그리고 이 책이 서로를 '환대'하는 통로로 쓰임 받길 소망한다.

김원미 선생님

2008년 6월 12일의 일기

아이들을 보며 하루는 웃지만 하루는 화를 내는, 하루걸러 하루씩 승리하는 교실에서의 요즘이다. 늘 잘해내진 못하더라도, 조금씩이지만 분명 다듬어지고 있을 교사로서의 나의 모습에 감사한다. 학교가 터전이 된 것에 조금 익숙해졌고, 가르치는 것이 더 이상 '학교놀이'인 듯 여겨지지도 않는다. 하나님께서 내가 어떤 교사이길 원하시는지 묵상하게 되었고, '나의 교육관'이란 것도 슬며시 생겨나고 있는 것 같다. 첫 학교, 석남서초등학교에 온 지 세 번째 해이다.

처음에 발령지로 연락받은 곳은 집에서 걸어갈 수 있는 학교였는데, 어떤 사정인지 갑자기 석남서초로 바뀌게 되었고, 버스를 갈아타고 조금 불편하게 다니고 있다. 한동안 "하나님께서는 왜 나를 이 학교로 보내셨을까?" 라는 의문이 있었는데, 이제는 매 순간이 그 '이유'라는 생각이 든다. 어느 샌가 우리 학교를 사랑하게 되었다. 여전히 영양가 없는 저경력 교사이지만, 내가 섬길 수 있는 것을 찾아 학교와 아이들을 섬기고 싶다.

2008년 7월 15일의 일기

  점심시간, 잠시 교실을 비운 사이에 두 녀석이 싸웠다. 그럴 아이들이 아닌데 2학년 꼬맹이들이 제법 거하게, 한 녀석은 책상을 들고 다른 녀석은 의자를 들고서. 그걸 본 아이들이 나를 찾으러 다니다가 교무실에 가서 교감 선생님께 말씀드렸고 내가 교실에 왔을 땐 교무보조 선생님께서 두 녀석을 벌주고 계셨다. 너도나도 목격담을 이야기하려는 아이들을 진정시키고, 손들고 벌서고 있던 두 녀석에게 복도로 나오라고 했다. 그 녀석들, 따라 나오면서도 벌서던 손은 내리지 않고 번쩍 든 채로 따라온다. 그 순진함에, 화가 났다가도 슬그머니 풀린다.

  싸움은 아주 사소한 일로 시작된 것이었다. 그러다가 흥분하면서 점점 상황이 커지게 된 것. 둘 다 종종 갑자기 흥분하는 모습을 보여 왔던 터라 그런 두 아이가 맞붙었으니 이렇게 되었구나 싶었다. 속에 무슨 아픔이 자리 잡고 있기에 사소한 일에 그렇게도 분을 낼까 싶어 마음이 아팠다. 따끔히 야단을 쳤고 선생님이 얼마나 속상한지, 너희들을 얼마나 소중하게 여기는지 이야기해주었고, 안아주었다.

  발령 첫 해에는 아이들을 잘 다루지 못하고 어설프기만 한 내 모습이 속상해서 많이 울었다. 그 때는 나를 위해서 울었지만, 언젠가는 아이들을 위해서 울 수 있게 해달라고 기도했었다. 이제는 아이들의 죄와 상처를 보면 조금 눈물이 나기도 한다. 교사로 살며, 하나님의 마음을 배워가는 것 같다.

  아이들 속에 있는 어두움이 회복되면 좋겠다. 아이들이 서로 사

랑하면 좋겠다. 아이들을 위해 기도하며 펑펑 울 수 있는 교사가
되면 좋겠다. 아이들을 안을 수 있는 품이 갈수록 넓어지면 좋겠
다. 하나님께서 나에게 당신의 마음을 넘치도록 부어 주시면 좋겠
다.

2008년 여름이 시작될 무렵 쓴 두 편의 일기이다. 당시 나는 학
교가 좋았고 하나님께서 나를 교사로 부르셨다는 것에 마음이 뜨
거웠다. 내가 누리는 만족감과 기쁨이 하나님께서 주시는 축복이라
면, 내게 맡겨주신 아이들에게 또 축복이 절실히 필요한 아이들에
게 나눠주고 싶었다. 그 때 마음에 품게 된 아이들이 북한 아이들
이다.

2009년 2월, 사랑하는 학교를 뒤로 하고 사직서를 제출했다. 고
여 있는 물은 썩는 법이라는데, 하나님께서 나에게 주시는 복을 흘
려보내기 위해 북한 선교를 꿈꾸며 중국으로 향했고 2년 반의 시
간을 보냈다. 중국 국적, 캐나다 국적 선교사님들은 북한을 오가며
사역을 하신다고 들었지만, 한국 국적인 나는 제대로 된 선교도 못
해보고 접경지역에서 발만 동동 굴렀다. 시행착오와 한계를 경험하
며 북한 선교가 얼마나 힘든 일인지 깨달았다.

10년이 지난 지금은 다시 학교에서 아이들을 가르치며 4살 된
딸을 돌보고 뱃속에 7개월 된 둘째를 품고 있다. 학교에서 3학년
담임을 맡고 있지만 '모성보호시간'이란 좋은 제도를 이용하여 수
업만 끝나면 집에 가기 바쁘다. 방과 후에 남겨서 상담을 하거나
보충 공부를 시키고 싶은 아이가 있어도 일과 육아를 병행하느라

버겁다는 핑계로 슬쩍 눈감는다.

세 분 선생님의 사연을 듣고 쓰며, 4년 동안 담임을 연임하며 아이들의 교육에 대해 전적으로 책임진다는 마음으로 밤늦게까지 아이들을 붙잡고 부족한 공부를 시키시는 북한의 교사들에 대한 깊은 존경심을 느낀다. 꿈에 부푼 20대에는 내가 받은 축복을 북한 아이들에게 전해주고 싶다는 의욕만 있었는데, 이제 보니 북한 아이들을 가장 뜨겁게 사랑할 수 있는 사람은 북한 선생님들이 아닌가 싶다. 세 분 선생님께서 북한 교육계를 섬기는 일에 쓰임 받는 날이 온다면 참 멋질 것 같다. 그런 날이 온다면 나도 다시 열정을 태워 북한을 사랑하고 싶다.

노아람 선생님

교대에 입학하고 처음 맞은 여름방학, 강원도 고성으로 떠났던 교회 수련회에서 나는 우연히 통일전망대 너머의 북한 땅을 바라보게 되었다. 하나님의 만지심이었을까, 신기하게도 북한 땅 너머에는 먹구름이 끼어 캄캄한데 내가 서있는 남한 땅은 화창한 날씨였더랬다. 날씨 때문인지, 수련회에서 받은 은혜 때문인지 알 수는 없으나 그 땅을 바라보며 안타까운 마음으로 펑펑 울며 기도했던 기억이 난다.

그것이 북한 땅을 향해 제대로(?) 기도했던 첫 시작이었다. 함께 하였던 선교회에서 북한 땅을 향해 함께 기도하고 있는 사람들이 있다는 소식을 들었고, 교직을 그만두고 중국으로 건너가 계신 김원미 선생님 또한 알게 되었다. 그렇게 나의 비전과 선교회 선배들의 비전들을 나누고 있을 무렵, 어느새 〈하나배움〉의 초창기 멤버가 되어있었다.

북한에 대한 마음 하나로 모였던 우리 모임에서는 함께 중국 국경지역으로 가 보기도 하고, 한국에 건너 온지 얼마 안된 아이들이 공부하는 대안학교에 가서 학습캠프를 열기도 하였다. 지금 생각해보면 거의 매년 우리의 향방을 주님께 묻고 구하며 갈 바를 알지 못하고 나아갔던 것 같다.

그렇게 8년 정도의 시간이 지나, 세 북한 선생님 이야기를 펴낸다. 개인적인 사정으로 이 프로젝트에는 초반에만 참여한 것이 참 아쉽다. 갈 바를 알지 못하고 나아갔지만 지난 8년의 시간을 하나님께서 귀하게 쓰셨으리라 믿는다. 이 책 또한 어떻게 사용하실지 알지는 못한다. 하지만 이 책이 하나님의 뜻하신 바를 이루는 좋은 통로가 되기를 진심으로 바란다.

김지선 선생님(가명)

　인생에서 좋은 인연을 만난다는 것은 쉬운 일이 아니다. 그 쉽지 않은 만남을 나는 이번 프로젝트를 통해 이룬 것 같다. 나는 한국교육개발원에서 주관하는 NK 아카데미를 통해 알게 된 남한 선생님들과 북한에서 교사를 하셨던 선생님들에게서 많은 것을 배웠다. 특히 남한 선생님들은 교사들의 일상생활, 학생들과의 만남, 학부모들과의 관계, 수업자료 등 나에게 많은 가르침을 주셨다. 막연하게만 그려졌던 교사의 하루가 조금이나마 나의 머릿속에 자리 잡기 시작한 것이다. 이렇게 훌륭한 선생님들과 이야기를 나누면서 남한의 교육에 대해 알게 되었고, 나 또한 북한의 교육에 대하여 다시 한 번 생각해 보는 계기가 된 것 같다.

　또한 이번 프로젝트를 통하여 나의 짧은 인생을 되돌아보는 계기도 되었다. 부모님께 다시 한 번 감사의 인사를 드리고 싶다. 나에게 누군가 행복한 시간이 언제냐고 물어본다면 '북한에서 있었던 일을 얘기할 때'라고 말하고 싶다. 항상 북한에서의 생활을 얘기할 때에는 기분이 업 되는 것을 느낀다. 그만큼 그 시간이 행복하다는 뜻이다. 가끔은 고향을 즐겁게 추억할 수 있어서 정말 다행이라고 생각할 때도 있다. 사람마다 고향에 대한 추억은 다를 것이다. 누군가는 너무 가슴 아픈 추억이여서 잊고 싶기도 하겠지만 나는 그 추억이 너무 소중하여 여기에서도 그 추억으로 버티는 것 같다.

남한 선생님들과 '교육'이라는 주제로 서로 이야기를 나누면서 나의 교육관에 대해서도 생각하게 되었다. 나는 어떤 교사가 되어야 할까? 앞으로 통일을 준비하는 과정에서 나는 무엇을 해야 할까? 라고 스스로에게 물었다. 아직 넘어야 할 산이 너무 높아서 구체적인 방향은 세우지 못했지만 언젠가는 사명감을 가지고 해야 할 과업이라고 생각한다.

마지막으로 이번 프로젝트를 함께 해주신 모든 선생님들에게 감사의 인사를 전하고 싶다. 이번 프로젝트를 통하여 많은 깨달음을 얻었고, 앞으로의 생활에서 많은 도움이 될 것 같다.

이선영 선생님(가명)

한국교육개발원에서 주체한 nk교사 아카데미에 참여하여 처음으로 현직교사들과 다양한 이야기(교육)를 나누었다. 아카데미를 마치고 헤어짐으로 인한 공허감, 섭섭함이 가시기전에 한 통의 전화를 받았다. 프로젝트 X 에 참여해주실 수 있는지... 타 지역에서 이사를 하고 새로운 업무에 적응하기 위해 노력하는 가운데 조금은 힘들었지만 현직 교사들을 다시 만날 수 있음에 감사하며 흔쾌히 받아 들였다.

여러 회기를 통해 만남을 이어가면서 나의 마음은 마냥 열려 있었다. 한국생활 10년이 지나도록 그 누구에게도 터놓지 못했던 나의 옛 추억을 하나하나 떠올리면서 열심히 토로 하였던 것 같다. 아마도 교육자라는 직업의 공통성이 나의 마음의 문을 열어 놓은 것은 아닌지 생각한다.

서울, 의정부 등 여러 지역, 다양한 장소에서의 만남은 순간, 순간이 배움의 현장이 될 수 있음을 다시금 느끼게 한 소중한 시간들이었다. 특히 현직 교사인 남한 선생님들과 전직 교사출신인 우리들이 모여서 교육에 대한 이야기를 나누는 순간만큼은 통일이 된 느낌이었다. 서로에 대해 알아가면서 즐겁기도 하고 슬프기도 하였다. 비슷하지만 다른 남북한의 교육현장을 들여다보면서 분단이 우리들에게 가져다준 현실에 마음이 먹먹해 지기도 하였다.

지금도 가끔 나는 자신에게 질문한다. 통일을 위해서 내가 무엇을 할 수 있을지, 나의 정착은 현재지속형이다. 상대방이 다가오기를 기다리는 것보다 먼저 다가가는 것, 틀림이 아닌 다름을 인정하는 것 등 생활의 지혜를 터득하면서......

끝으로 그동안 바쁜 시간을 내어 주신 선생님들에게 다시 한 번 감사의 인사를 전하고 싶다. 그리고 앞으로 인연이 쭉 이어지기를 기대한다.

참 고 문 헌

박금주 (2013). 북한 중등학생의 진로결정에 관한 연구. 석사학위
　　　　논문, 북한대학원대학교, 서울.

박길태 (2011). 북한이탈청소년 대안학교의 운영특성 및 발전방안
　　　　연구. 석사학위논문, 원광대학교, 전라북도.

전일구 (2018). 북한 학교의 방과후활동 연구. 석사학위논문, 연세
　　　　대학교, 서울.

최영실 (2010). 북한의 조선소년단 조직생활에 관한 연구. 석사학
　　　　위논문, 이화여자대학교, 서울.

권혁진 외 (2006). 학습 부진아 수학 클리닉 운영 사례, 한국학교
　　　　수학회 논문집 9(1) 19-40.

김정원 외 (2014). 남북한 교사 역할 비교 분석 연구. 서울, 한국
　　　　교육개발원.

신효숙 (2007). 북한의 대학교육과 대학입시. 수행인문학, 37(2),
　　　　39-71.

pmg 지식엔진연구소 (2014). 시사상식사전. 서울, 박문각.

인터넷 통일학교 http://tongil.moe.go.kr